PE

Jörg Linditsch

MOND-ABC

Tips und Tricks für den Alltag

VERLAG PETER ERD · MÜNCHEN

Die in diesem Buch aufgeführten Ratschläge wurden von Autor und Verlag sorgfältig geprüft. Eine Garantie bzw. Haftung kann jedoch nicht übernommen werden.

1. Auflage 1996
Umschlagfoto: Photonica, Hamburg
Illustrationen: Jörg Linditsch

ISBN 3-8138-0407-0

INHALT

KLEINE MONDGESCHICHTEN

In einer Vollmondnacht

Es war vor acht Jahren an einem herrlichen, lauen Sommerabend. Wir waren bei der Schwester meiner Frau eingeladen, saßen auf der Veranda, tranken ein paar Gläser Wein und genossen den wunderbaren Abend. Unser Sommerurlaub, den wir in Griechenland verbracht hatten, lag gerade hinter uns, und wir erzählten, was wir so alles erlebt hatten. Da wir mit unserem Campingbus unterwegs gewesen waren, hatten wir die eine oder andere Nacht an Plätzen abseits der Straße genächtigt. Eine Nacht blieb uns dabei besonders in Erinnerung, weil sie einen etwas schaurigen Höhepunkt hatte. Auf dem Weg zu einem entlegenen Campingplatz, der am Ende einer langgezogenen, gebirgigen Halbinsel lag, machten wir halt, da die Dunkelheit bereits hereinbrach und die Straßenverhältnisse sehr schlecht waren. Wir fanden abseits der Straße einen Felsausbruch, in dem wir übernachten konnten. Hinter uns ragten riesige Felswände in den klaren Nachthimmel und vor uns erstreckte sich, tief unten am Fuße des Gebirges, das Meer. Erst als wir etwas erschöpft von der langen Fahrt unser Abendessen einnahmen, registrierten wir, daß der volle Mond am Himmel stand. Die Landschaft war in das weiße, matte Licht des Mondes getaucht, das ihr ein noch bizarreres Aussehen verlieh. Die gesamte Stimmung schlug sich auf uns nieder. Obwohl wir einerseits von der wunderschönen Umgebung fasziniert waren, hatte sie doch etwas Unheimliches, Unerklärliches an sich. Bis spät in die Nacht saßen wir auf unseren Klappstühlen vor dem Campingbus, lauschten dem leisen Rauschen des Meeres und nahmen die Stimmen der Natur mit besonders scharfen Sinnen wahr. Schließlich machten wir es uns im Bus bequem und es dauerte nicht lange, bis wir eingeschlafen waren. Es mußte wohl die Zeit um Mitternacht gewesen sein, als mich meine Frau mit ängstlichen, eindringlichen Worten weckte. Ich war sofort hellwach, als ich das Heulen registrierte, und was ich durch die staubigen Fenster des Busses sah, trieb mir kalte Schauer über den Rücken. Rund um unseren Campingbus hatte sich in einiger Entfernung ein Rudel wilder Hunde auf Felsflanken niedergelassen. Allesamt streckten sie ihre Köpfe gegen den Vollmond und heulten schauerlich aus voller Kehle.

Diese kleine Gruselgeschichte war auch der Anlaß, der das Gespräch an diesem Abend auf das Thema Mond lenkte. Dabei muß ich jedoch vorausschicken, daß meine Schwägerin und deren Mann Anthroposophen sind. Zum damaligen Zeitpunkt war ich in der EDV-Branche tätig, was nicht unwesentlich dazu beitrug, daß ich die Dinge von einem sehr nüchternen und naturwissenschaftlichen Standpunkt aus betrachtete und allen esoterischen Dingen eher mit einem skeptischen Lächeln gegenüberstand. Jedenfalls wurde das Schwerpunktthema dieses Abends der Mond und dessen Bedeutung für unser Leben aus anthroposophischer Sicht. Wunderliche Dinge mußte ich mir anhören: daß Pflanzen zu einer bestimmten Mondphase gesät werden, daß es für das Schneiden der Haare einen bestimmten, vom Mond begünstigten Zeitpunkt gäbe und daß der Stand des Mondes auch eine wesentliche Rolle bei der Zeugung von Kindern spiele.

Dafür hatte ich zum damaligen Zeitpunkt wirklich nur ein Lächeln übrig und sträubte mich, auch nur eine dieser »vernunftlosen« Erkenntnisse zu akzeptieren.

Die Mondbäuerin

Die Sache war bald vergessen und wurde erst einige Jahre später wieder ins Gedächtnis zurückgerufen, als ich die

Bäuerin näher kennenlernte, von der wir einen großen Teil unserer Lebensmittel bezogen, da uns die herkömmliche Art der Tierhaltung und der Produktion verschiedenster Lebensmittel nicht mehr ins Konzept unserer Lebens- und Ernährungsphilosophie paßte. Wir waren spontan von der Qualität und Größe der Früchte und des Gemüses begeistert und konnten anfangs nicht so recht glauben, daß die Produkte ohne jeglichen Kunstdünger diese Ausmaße erreichen, wie die Bäuerin uns versicherte. Schließlich besuchten wir sie öfter auf ihrem Hof und sie erzählte und zeigte uns, wie ein naturnaher landwirtschaftlicher Betrieb arbeitet. Auf die Qualität der pflanzlichen Produkte angesprochen, klärte sie uns über den richtigen Zeitpunkt des Säens auf und darüber, welch wichtige Rolle dabei dem Mond zukomme. Ich war natürlich anfangs etwas skeptisch, dieses Thema hatten wir doch schon einmal, ließ mich aber von den alten, seit Generationen überlieferten Erfahrungen, nach denen die Frau arbeitete, schließlich doch überzeugen, daß irgend etwas Wahres an den geheimnisvollen Kräften des Mondes sein mußte.

»Der Mond hebt und senkt die Meere, er macht die Ebbe und die Flut, der Mond läßt Menschen nicht schlafen und er beeinflußt ihre Stimmungen«, sagte sie. »Warum sollte er denn nicht in der Lage sein, das Getreide, das Obst und das Gemüse prächtig gedeihen zu lassen?«

»Mein Vater hat schon nach dem Stand des Mondes gesät und geerntet und davor mein Großvater und ich mache es schon mein Leben lang und mein Sohn wird sich nach den alten Traditionen richten, wenn er eines Tages den Hof übernehmen wird.«

Die Worte der Bäuerin beeindruckten mich, sie war eine einfache, gestandene Frau, die nichts von Esoterik wußte, sondern einfach nur nach altem überlieferten Wissen handelte und im praktischen Leben mit ihren Erfahrungswerten recht behielt.

Der Friseur

Eine weitere Begebenheit, die meine Beziehung zum Mond sehr beeinflußte, geschah etwa zur selben Zeit. Meine Frau ließ sich bei dem Friseur um die Ecke eine Dauerwelle machen. Ich war etwas skeptisch, denn der letzte Versuch dieser Art hatte kein zufriedenstellendes Ergebnis gebracht. Als die neue Dauerwelle nach wenigen Tagen ebenfalls in sich zusammenfiel, reklamierte meine Frau bei dem Friseur, der sich mit einem Achselzucken und dem Hinweis auf die schlechte Haarsubstanz mit den Worten: »Bei Ihren Haaren läßt sich da wohl nichts mehr machen« aus der Affäre zog. Auf Anraten einer Freundin begab sich meine Frau dann in die Obhut eines Friseurs, der einen besonders guten Ruf in unserer Stadt genoß. Nach kurzem Beratungsgespräch vereinbarte er mit meiner Frau einen Termin, der, wie er sagte, bei schwierigen Haaren durch die zunehmende Phase des Mondes besonders günstig sei. Ich war zwar von den Mondgeschichten noch nicht ganz überzeugt, aber ich dachte mir, daß ein Versuch nicht schaden könnte. Und wieder gab der praktische Erfolg dem Mond recht, denn die Dauerwelle hielt.
All die Erlebnisse der vergangenen Monate hatten mein Interesse so sehr geweckt, daß ich mich auf die Suche nach entsprechender Literatur machte, die mir mehr Informationen über die Wirkung des Mondes auf das alltägliche Leben geben konnte.
Ich durchstöberte Bibliotheken, besorgte mir Bücher und allmählich wurde mir immer klarer, daß das Wissen um die Kräfte des Mondes sehr alt ist.

Überlieferungen und Mythen

Der Mythos des Mondes birgt seit jeher zwei verschiedene Seiten in sich. Man muß verstehen, daß sehr viel Wissen über »kosmische« Zusammenhänge aus der uralten Beziehung Mensch-Natur entstanden ist. Unsere Vorfahren ver-

fügten vielleicht nicht über den Intellekt des modernen Menschen, waren in ihrem Ich-Bewußtsein noch nicht so weit entwickelt wie jetzt, dafür waren ihre Bindung zur Natur, ihre Wahrnehmungsgabe und ihre Instinkte viel stärker ausgeprägt. Sie kannten sehr viele naturgegebene Zusammenhänge, wenn sie diese vielleicht auch nicht bewußt wahrgenommen haben. Ihre natürliche Verbindung zur Natur, ihr instinktives Wissen sicherten ihr Überleben und ihre Weiterentwicklung. Parallelen dazu finden wir bei den Tieren, die heute noch in einer derartigen Symbiose mit der Natur leben. Ohne danach geforscht zu haben, nehmen sie beispielsweise bei verschiedenen Krankheiten gezielt bestimmte Pflanzen zu sich oder »baden« regelrecht in Pflanzen, die eine Heilung beschleunigen.
Dieses instinktive Wissen, diesen Einklang mit Natur und Kosmos versucht man heute mühevoll auf esoterischem Weg nachzuvollziehen. Und unter anderem auch das Wissen um die Wirkung der Sterne und des Mondes, die damals wie heute ständig Einfluß auf unser Leben nehmen.
Mit der Selbstverwirklichung des Menschen geriet diese Verbindung zur Natur immer mehr ins Abseits. Er fing an, sich selbst zu entdecken, sich als eigenständiges Lebewesen wahrzunehmen, mit all seinen Freuden und Leiden. Dabei war er so mit sich selbst beschäftigt, daß sich sein Weltbild langsam aber stetig änderte. Er sah sich immer mehr als Zentrum allen Seins, verließ das große kosmische Kollektiv und vergaß die Wurzeln, die ihn einst prägten.
Das Wissen um die Zusammenhänge fing langsam an zu verblassen und wurde nur noch fragmentarisch von Generation zu Generation weitergegeben. Und bald kannten nur mehr wenige, Weise, Seher, Medizinmänner, Schamanen oder wie immer man sie nennen mag, die Geheimnisse der Natur. Erst viel später begann man sich wieder auf seine Ursprünge zu besinnen. Und so setzten sich Gelehrte auch wieder mit dem Mond und den Gestirnen auseinander und versuchten auf der Basis dieses alten überlieferten Wissens, Regelmäßigkeiten zu erforschen, die sich

der Mensch zunutze machen konnte. So beispielweise in der Landwirtschaft, die schon vor Jahrtausenden mit den verschiedenen Phasen des Mondes arbeitete. Wie aktuell dieses alte Wissen ist, das so gar nicht in unsere moderne Zeit paßt, zeigt der Umstand, daß sich immer mehr Bio-Bauern auf diese alten Regeln besinnen und damit auch gute Erfolge erzielen.

Überlieferungen sind meist lückenhaft, vieles geht verloren, manches wird verfälscht, vieles dazugefügt. Der Mensch war immer ein neugieriges, aber auch furchtsames Wesen, immer auf der Suche nach neuen Erkenntnissen, ängstlich gegenüber Ereignissen, die er sich nicht erklären konnte. Viele machten sich diese Eigenschaft zunutze, um ihren eigenen Vorteil zu wahren, verbreiteten göttliche Gesetze und Aberglauben unter dem Deckmantel der Religionen, um sich den Menschen gefügig zu machen.

Oft wurden Mysterien der Natur, für die es keine natürlichen Erklärungen gab, den dunklen Mächten zugeschrieben und oft auch bewußt als warnendes Druckmittel gegen jene eingesetzt, die nicht nach den Regeln der Mächtigen spielen wollten. Und immer versuchte man, diese Machtmittel um jeden Preis zu verteidigen, denn nichts wird von den Mächtigen mehr gefürchtet als eine Waffe, die ihre Wirkung verliert. Nicht umsonst wurden Gelehrte, die alte Mysterien mit neuen naturwissenschaftlichen Methoden aufklärten, geächtet und verfolg,t und man setzte oft schreckliche Methoden ein, um die Verbreitung des neuen Wissens zu verhindern.

Besonders um den geheimnisvollen Mond, der sein blasses Licht in der Nacht auf die Erde wirft, ranken sich viele mystische Geschichten. Der Mond wurde schon immer mit der Nacht, der dunklen Seite und dem Unheimlichen in Zusammenhang gebracht. Die Nacht wird von Geistern, Kobolden und Hexen beherrscht, und manche Menschen sind dazu verdammt, sich bei Vollmond in reißende Werwölfe zu verwandeln, um Unheil über die Menschen zu bringen. Wer von uns kennt nicht all diese Geschichten, und wer von uns hat sich nicht schon ein wenig (oder auch mehr) gefürchtet, wenn er sich zu nachtschlafener Stunde die Bilder dieser Geschichten ins Gedächtnis zurückgerufen hat.

DIE MONDRHYTHMEN

Daß der Mond auf die Gesamtheit der Natur wirkt, kann heute niemand mehr abstreiten oder bezweifeln, dazu liefert uns die Natur zuviele Beweise. Vom Forscherdrang beseelte Gelehrte erkannten schon lange vor unserer Zeit, daß es Zusammenhänge zwischen verschiedensten Naturereignissen, wie etwa Ebbe und Flut, Wettergeschehen oder dem Monatszyklus der Frau und dem Mondrhythmus gibt. Bald wurde auch klar, daß der Mond in allen Bereichen der Natur und des Lebens seinen Einfluß geltend macht, ob es nun die Gartenarbeit, das Wäschewaschen, das Haareschneiden, das Einlagern von Feldfrüchten, das Behandeln von Krankheiten oder Durchführen von Operationen ist. Der richtige Stand des Mondes entscheidet oftmals darüber, ob eine Aktivität zu einem positiven Ende gebracht wird oder nicht.
Durch die jahrelangen Beobachtungen des Mondes und seines Einflusses auf Mensch und Natur kristallisierte sich ein Wirkungsschema heraus. So hat der Mond spezifische Energien, wenn er abnimmt, zunimmt oder als Neu- bzw. Vollmond am Himmel steht. Dazu wirkt der Mond mit unterschiedlichen Kräften auf die Erde, je nachdem, welches Tierkreiszeichen er gerade durchwandert.
Um dieses Wissen verwertbar zu machen, begann man schon sehr früh, Mondkalender zu berechnen, um auch für die Allgemeinheit eine Orientierungsbasis zu schaffen. Nun differieren diese Kalender oft ein wenig, was zur allgemeinen Verwirrung führen kann. Die dem Mond zugeordneten Tierkreiszeichen stimmen nicht hundertprozentig überein. Diese Tatsache ergibt sich aus dem Umstand, daß es zwei Berechnungssysteme für Mondkalender gibt, die zwar nicht gänzlich übereinstimmen, aber trotzdem beide ihre Richtigkeit haben. Die Berechnungsverfahren der beiden Modelle im einzelnen zu besprechen, wäre an dieser Stelle nicht sinnvoll, da doch eine Menge an Wissen über die Gestirne vorauszusetzen ist. Für Interessierte gibt

es genügend einschlägige Literatur, die sich ausschließlich mit diesem Thema beschäftigt. Das heliozentrische Berechnungsmodell, auf dem Rudolf Steiner seine Ideen aufbaute und nach dem die anthoposophische Gemeinde erfolgreich arbeitet, ist recht kompliziert und für den Laien eher ungeeignet. Die seit Jahrhunderten angewandte, traditionelle Methode nach dem geozentrischen Berechnungsmuster ist wesentlich einfacher und läßt sich auch vom Laien recht unkompliziert handhaben. Die Erfolge dieses Modells lassen sich an den guten Ergebnissen, die seit Jahrhunderten erzielt werden, messen. Dieses Buch orientiert sich ebenfalls an dem geozentrischen System und bietet Ihnen außerdem einen Mondkalender, der Ihnen einen schnellen Überblick über die wichtigsten Mondtermine verschafft.

Die Mondphasen

Der Mond benötigt für seine Wanderung um die Erde etwa 28 Tage. Je nach Konstellation von Sonne, Erde und Mond erhält der Mond ein bestimmtes Gesicht. Er reflektiert das Licht der Sonne, während er die Erde umwandert. In welchem Grad das Licht reflektiert wird, welchen Teil des Mondes wir in der Nacht am Himmel sehen, ist von der Stellung von Mond und Sonne, von der Erde aus betrachtet, abhängig.
Welche Mondphase für eine bestimmte Arbeit gewählt wird, ist von äußerster Wichtigkeit, um ihr Gelingen oder einen größtmöglichen Erfolg zu garantieren.

Der Neumond
Bei Neumond »drängt« sich der Mond zwischen Sonne und Erde, so daß von der Erde aus kein reflektierendes Licht mehr zu sehen ist. Die der Erde zugewandte Seite des Mondes liegt völlig im Dunkeln. Dieser Tag ist in den Kalendern meist mit einem schwarzen Kreis gekennzeichnet.

Der zunehmende Mond
Wenige Stunden nach dem Neumond zeigt sich die feine Sichel des zunehmenden Mondes auf der rechten Mondseite. Nach etwa sieben Tagen (auch 1. Viertel genannt) ist die rechte Hälfte des Mondes ausgeleuchtet (Halbmond), und es dauert dann wiederum etwa sieben Tage (2. Viertel), bis der Mond schließlich im vollen Licht am Himmel (Vollmond) steht. In den Kalendern wird der zunehmende Mond als rechtsläufige Sichel dargestellt.

Der Vollmond
Auf der Hälfte seiner Reise um die Erde, etwa 14-15 Tage nach Neumond, steht der Mond »hinter« der Erde und ist als volle Scheibe von der Erde aus sichtbar. Seine der Erde zugewandte Seite wird von der Sonne voll ausgeleuchtet. Der Vollmond hat eine besondere Wirkung auf Mensch und Natur. In den Kalendern wird dieser Tag als heller Kreis gekennzeichnet.

Der abnehmende Mond
Kurze Zeit nach Vollmond beginnt der Mond an seiner rechten Seite Licht zu verlieren und steht nach etwa sieben Tagen (3. Viertel) im Halbmond. Im Verlauf der nächsten sieben Tage (4.

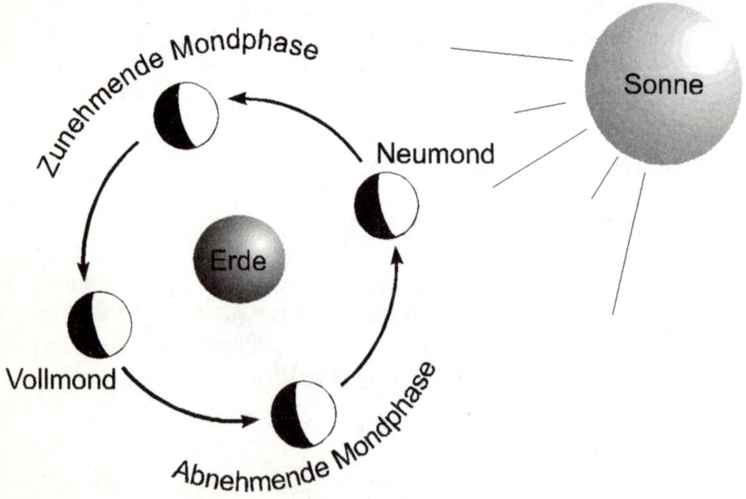

Viertel) nimmt der Mond immer mehr die Form einer Sichel an, bis er schließlich wieder verschwindet (Neumond). In den Kalendern ist die abnehmende Mondphase als linksläufige Sichel eingezeichnet.

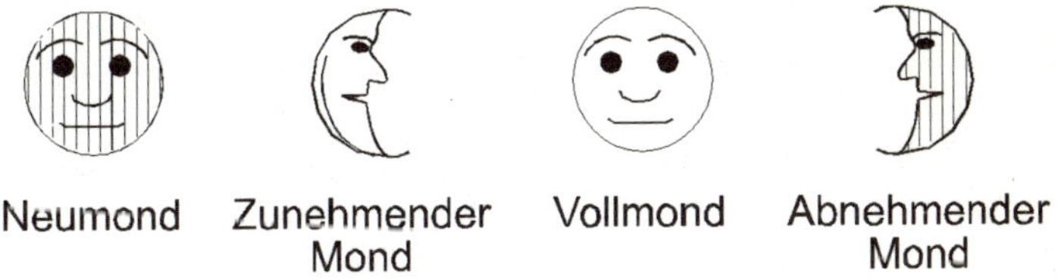

Der Mond in den Tierkreiszeichen

Während sich die Erde um die Sonne bewegt, durchwandert die Sonne, aus der Sicht der Erde, alle zwölf Tierkreiszeichen innerhalb des Jahres. Auch der Mond durchwandert die Tierkreiszeichen während seiner Reise um die Erde, die etwa 28 Tage dauert. So steht der Mond im Laufe dieses Zyklus etwa 2 1/2 Tage in jedem Tierkreiszeichen. Der Tierkreis beginnt beim Widder und endet bei den Fischen. In jeder dieser Phasen beherrscht der Mond spezifische Eigenschaften, die mit dem jeweiligen Tierkreiszeichen in Verbindung gebracht werden können. Der Mond im jeweiligen Tierkreiszeichen wirkt auf verschiedenste Art und Weise auf Mensch und Natur. Um das Gelingen einer bestimmten Arbeit oder den größtmöglichen Erfolg zu gewährleisten, ist es unerläßlich, auf die Tierkreiszeichen zu achten.
So beeinflußt jedes Tierkreiszeichen, das der Mond gerade durchwandert, bestimmte Organe oder Körperregionen. Alles, was in dieser Zeit dem entsprechenden Organ oder der Körperregion Positives zugefügt wird, wirkt doppelt so gut und natürlich auch umgekehrt.

Zusammenspiel von Mondphase und Tierkreiszeichen

Die Mondphasen und die Tierkreiszeichen beeinflussen sich in ihrer Wirkung gegenseitig, verstärken oder schwächen ab. Zu jedem Thema in diesem Buch sind die optimalen Zeitpunkte angegeben, sowohl die richtige Mondphase als auch die entsprechenden Tierkreiszeichen. Wenn Sie sich an diese grundsätzlichen Regeln halten, kann eigentlich nichts schief gehen. Sollte der vorgesehene Tag für die entsprechende Arbeit nicht wahrgenommen werden können, ist dies auch nicht schlimm, denn es stehen immer Ersatztermine zur Auswahl, die ähnlich gute Erfolge bringen. Sie sollten nur darauf achten, daß Sie nicht gegen alle Regeln verstoßen und damit Ihr Gesamtkonzept gefährden.
Im Zweifelsfall, d.h. wenn Mondphase und Tierkreiszeichen nicht zur Übereinstimmung kommen, wählen Sie für Ihre Arbeit die richtige Mondphase, denn diese ist die gewichtigere Komponente.

DIE MOND-ANWENDUNGEN VON A-Z

ABLEGER SCHNEIDEN, UMTOPFEN

Ableger schneiden

Beim Schneiden von Ablegern, die zu neuen Pflanzen heranwachsen sollen, gehen Sie am besten so vor:
Zur Blütezeit schneiden Sie einen etwa 20 cm langen Trieb direkt unter dem Blattknoten ab. Der Ableger wird dann am besten in einen Plastikbecher, der mit Wasser und einem Nährsubstrat gefüllt ist, eingesetzt. Um die entsprechende Wärme im Becher zu erzeugen, spannen Sie zuvor ein Stück durchsichtige Plastikfolie über die Becheröffnung und fixieren sie mit einem Gummiring. Danach stechen Sie ein Loch in die Plastikhülle, durch die der Pflanzenableger eingeführt wird.
Wenn der Ableger Wurzeln bildet, kann er in einen Topf mit Erde und Humus umgesetzt werden, bis er groß genug ist, um ins Freie gesetzt zu werden. In gleicher Weise verfahren Sie natürlich auch mit Zimmerpflanzen, die nicht blühen. Die günstigste Zeit für den Ablegerschnitt ist das Frühjahr.

Der optimale Zeitpunkt, diese Arbeit durchzuführen, ist der zunehmende Mond im Zeichen von Krebs, Skorpion, Fische und Jungfrau.

Wenn Sie Bäumchen-Ableger einsetzen und diese nicht so recht wachsen wollen, zwicken Sie ihre Astspitzen bei Neumond ab.

Umtopfen

Topfen Sie Ihre Pflanzen bei abnehmendem Mond in einem Erdzeichen (Stier, Jungfrau, Steinbock) um.

BEWÄSSERN UND GIESSEN

Allzuoft wird das Gießen der Pflanzen überbewertet. Man gießt meist viel zu oft, ohne Rücksicht auf die natürlichen Gegebenheiten und kann damit den Pflanzen mehr Schaden zufügen, als man ihnen an Nutzen bringt. Durch zu häufiges Gießen verwöhnt man Erde und Pflanzen. Die Pflanzen sind im natürlichen Rhythmus der Natur daran gewöhnt, sich bei der Suche nach Wasser etwas anzustrengen. In langen Perioden der Trockenheit strecken die Pflanzen ihre Wurzeln tief in den Boden auf der Suche nach Wasser in tiefer liegenden Regionen. Das kräftigt Wurzeln und Pflanze; sie werden widerstandsfähiger und tragen viel intensivere Früchte. Beim regelmäßigen Gießen werden die Pflanzen träge. Sie bedienen sich aus dem reichlichen Wasserangebot, ohne dafür arbeiten zu müssen. Die Wurzeln werden flach, die Pflanze weniger und die Früchte schließlich fahl und geschmackloser als üblich.

Davon abgesehen besteht die Gefahr, die Mineral- und Düngestoffe aus dem Erdreich zu schwemmen, wenn Sie zu oft gießen, was der Pflanze mit Sicherheit nicht gut tut. Viel besser für Boden und Pflanze ist das wöchentliche, sanfte Auflockern der obersten Erdschicht, um dem Boden ausreichend Luft zuzuführen.

Sie können natürlich den Pflanzen, die Sie bis jetzt vielleicht zu sehr verwöhnt haben, nicht auf einmal das Wasser entziehen, denn das Umstellen alter Gewohnheiten braucht in jedem Fall Zeit und Geduld. In diesem Sinne sollten Sie Ihren Pflanzen langsam das Wasser entziehen, das sie bis jetzt ohne Mühen bekommen haben. Gießen Sie immer nur so viel, daß die Pflanzen gerade ausreichend versorgt sind und nicht unter Durst leiden, dann werden sie langsam beginnen, sich selbst auf die Suche nach dem notwendigen Naß zu machen.

Gießen ist in jedem Fall nur dann angeraten, wenn länger kein Regen gefallen ist und die Pflanzen am Verdursten sind.

Zimmer- und Balkonpflanzen

Zimmerpflanzen haben kein natürliches Wasserreservoir, aus dem sie sich selbst bedienen können. Deshalb müssen Zimmer- und Balkonpflanzen auch regelmäßig gegossen werden. Am besten verwenden Sie dazu Wasser, das schon längere Zeit steht.

Die Zimmerpflanzen sollten wenn möglich an Blattagen, also wenn der Mond in den Wasserzeichen (Krebs, Skorpion, Fische) steht, gegossen werden.

Blattage kehren alle sechs bis acht Tage wieder. Diese Zeitspanne mag Ihnen vielleicht zu lange vorkommen, es ist aber im Normalfall völlig ausreichend, die Pflanzen nur etwa einmal wöchentlich gut zu bewässern. Anders verhält es sich bei exotischen Pflanzen, die eine spezielle Behandlung benötigen. Hier müssen Sie öfter gießen. An den Blattagen sollten Sie jene Pflanzen mehrmals täglich gießen, da sie an diesen Tagen besonders viel Wasser aufnehmen können.

Wann soll gegossen werden?

Grundsätzlich sollten die Pflanzen frühmorgens oder abends mit Wasser versorgt werden.

Der richtige Zeitpunkt, um zu gießen, sind die Tage, an denen der Mond in einem Wasserzeichen steht (Krebs, Skorpion, Fische). Auch Waagetage sind zum Gießen geeignet. Auf alle Fälle sollten Sie darauf achten, daß das Bewässern bei abnehmendem Mond stattfindet.

In dieser Mondphase atmet der Boden ein, und die Pflanzen absorbieren das Wasser am besten.
Sie sollten es vermeiden, an Blütentagen (Zwillinge, Waage, Wassermann) zu gießen, da der Schädlingsbefall dadurch begünstigt wird.

BLUMEN

Aufgrund der Vielfalt der Blumengewächse und ihrer unterschiedlichen Beschaffenheit kann an dieser Stelle kein allgemein gültiger Saat- oder Pflanztermin angegeben werden. Manche Gärtner, die nach den Mondzeiten säen und pflanzen, bevorzugen für diese Arbeit generell den zunehmenden Mond in einem Wasserzeichen, was grundsätzlich sicher nicht verkehrt ist. Alte Mondkalender verweisen jedoch auf die unterschiedliche Wurzelausbildung der Blumen (Knollen-Zwiebeln-Wurzeln) und empfehlen je nach Wurzelart verschiedene Zeitpunkte.
Aus der folgenden Tabelle können Sie die günstigsten Aussaatzeiten der verschiedenen Blumen ablesen.

Blume	Mondphase	Tierkreis
Aster	zunehmend	Jfr
Chrysantheme	zunehmend	Jfr
einjährige Blumen	zunehmend	Kre, Sko, Fi, Waa
Eisenhut	abnehmend	Kre, Sko, Fi
Gladiole	zunehmend	Waa, Jfr
Glockenblume	abnehmend	Kre, Sko, Fi
Hyazinthe	abnehmend	Kre, Sko
Iris	zunehmend	Kre, Jfr
Krokus	abnehmend	Jfr
Lilie	zunehmend	Kre, Sko
Margerite	abnehmend	Kre, Sko
Mohn	zunehmend	Jfr
Petunie	zunehmend	Jfr, Waa
Narzisse	zunehmend	Kre, Jfr, Waa
Nelke	zunehmend	Kre, Jfr, Waa
Pfingstrose	zunehmend	Jfr
Ringelblume	zunehmend	Kre, Sko
Rittersporn	abnehmend	Kre, Sko
Rose	zunehmend	Kre, Sko

Schneeglöckchen	abnehmend	Jfr
Sonnenblume	zunehmend	Kre, Sko
Storchenschnabel	abnehmend	Waa
Strohblume	zunehmend	Kre, Sko, Fi
Tulpe	zunehmend	Jfr, Waa
Zinie	zunehmend	Waa
Zweijährige Blumen	abnehmend	Kre, Sko, Fi

Was Sie sonst noch tun können

Astern sind sehr anfällig für Krankheiten. Deshalb ist es ratsam, sie jedes Jahr an einer anderen Stelle zu pflanzen.
Wenn Sie Blumen pflanzen wollen, deren Knollen schon sehr vertrocknet aussehen, legen Sie diese am besten 24 Stunden in ein Wasserbad. Sie quellen prall auf und wurzeln leichter.

Manche Blumen (z.B. Erika, Rhododendron) lieben saure Böden. Mischen Sie etwas Kaffeesatz in die feuchte Blumenerde, um einen optimalen Boden für diese Blumen zu schaffen.

BLUTREINIGUNG

Der menschliche Körper ist nach einem untätigen Winter richtiggehend verschlackt, die Cholesterin- und Urinwerte stimmen nicht mehr, die fahle, unreine Haut spiegelt den gesamten körperlichen Zustand wider. Auch die Frühjahrsmüdigkeit hat nach dem Winter ihren Einzug gehalten: Sie fühlen sich so richtig ausgelaugt, und eigentlich paßt Ihre gesamte Stimmung nicht zum frühlingshaften Erwachen der Natur.
Es wird höchste Zeit für einen Frühjahrsputz, den Sie Ihrem Körper zugute kommen lassen sollten. »Blutreinigende« Maßnahmen aktivieren die Nierentätigkeit und beschleunigen die Ausscheidung von schädlichen Stoffen.

Die beste Zeit für eine Blutreinigung ist das Frühjahr. Warten Sie mit der Kur, bis der Mond in seiner abnehmenden Phase ist.

Mischen Sie Brennessel, Holunder und Löwenzahn zu gleichen Teilen. Gießen Sie einen Teelöffel der Mischung mit 1/4 Liter Wasser auf und lassen Sie den Tee zehn Minuten ziehen. Seihen Sie ab und trinken Sie drei Tassen täglich. Die Kur sollte wenigstens zehn Tage dauern.

Was Sie sonst noch tun können

Während der Kur sollten Sie auf alle Fälle bestimmte Diätvorschriften beachten. Reduzieren Sie die Kalorienzufuhr und nehmen Sie Lebensmittel zu sich, die viel Eiweiß enthalten, wie beispielsweise Quark, Milch oder Joghurt. Obst, Gemüse und Salat sollten den Großteil Ihres Speiseplans ausmachen.

BODENPFLEGE

Grundvoraussetzung für das prächtige Gedeihen Ihrer Pflanzen ist, neben Säen, Gießen und Düngen zur richtigen Mondphase, auch ein Boden, der die notwendigen Nährstoffe enthält. Insgesamt sind es mehr als zwölf Spurenelemente, die eine Pflanze zum Wachstum benötigt, wobei jede Pflanze unterschiedliche Mengen der verschiedenen Nährstoffe zu sich nimmt. Aus diesem Grund ist es schwierig, einen Einheitsboden zu schaffen, der alle Pflanzen gleich gut ernährt. Aber Sie können zumindest darauf achten, daß sämtliche Nährstoffe ausgeglichen und ausreichend vorhanden sind. Da in den seltensten Fällen wirklich optimale Bodenverhältnisse vorherrschen, müssen Sie des öfteren mit speziellen Düngern nachhelfen, um diese Ausgewogenheit herzustellen. Auch die Pflanzen selbst schaffen ein Ungleichgewicht, da sie dem Boden ständig Nährstoffe entziehen. Bevor Sie solche Maßnahmen einleiten, müssen Sie abklären, woran es Ihrem Boden mangelt. Dies läßt sich relativ einfach mit Hilfe von Testpaketen bewerkstelligen, die es in fast allen Garten- und Baumärkten zu kaufen gibt.
Hier noch einige Tips, wie Sie bei bestimmten Bodenproblemen vorgehen können:

- Zu schwere, dichte Böden können mit Sand aufgelockert werden.
- Saure Böden entsäuert man am besten durch die Beimengung von Kalk.
- Zu leichte, lockere Böden verdichtet man durch die Zugabe von Tonmehl.

Wann ist der optimale Zeitpunkt für das Behandeln Ihres Bodens?

Alle Arbeiten am Boden sollten Sie bei abnehmendem Mond in Zwilling, Jungfrau und Wassermann durchführen. Die Erde atmet zu diesem Zeitpunkt ein und reagiert besonders gut auf die Maßnahmen, die Sie zu ihrer Pflege ergreifen.

Um den Boden für die nächste Saison ordentlich in Schuß zu bringen, sollten Sie ihn im Herbst auflockern und mit Kompost und Dünger anreichern; zum abnehmenden Mond in Widder, Zwilling, Löwe und Wassermann.

Was Sie sonst noch tun können

Sie erhalten keinen guten Mutterboden, wenn Sie jedes Jahr radikal umgraben, denn dadurch verlagern Sie die Humusschicht in die Tiefe, wo sie keinen Nutzen bringt. Größeren Erfolg bringt das Auflockern der Beete.

DIÄTEN

Radikale Diäten sind immer kritisch zu betrachten. Ganz davon abgesehen, daß sie den Körper enorm belasten, hält ihre Wirkung auch nicht lange an. Diäten sollten immer im vernünftigen Rahmen durchgeführt werden, am besten in Zusammenarbeit mit einem Arzt. Weniger ist oft mehr; eine langsame Gewichtsreduktion, verbunden mit einer vernünftigen Ernährung, ist meist der beste Weg, sein Ziel zu erreichen. Sie benötigten dafür zwar ein wenig Geduld und Durchhaltevermögen, dafür gewöhnen Sie sich langsam an die reduzierte Kost und können auch nach der Diät leichter mit Ihrem täglichen Nahrungsbedarf haushalten, was ein Halten des Gewichtes wahrscheinlicher macht.

Die ideale Zeit für Diäten ist der abnehmende Mond, wenn er in einem Feuerzeichen (Widder, Löwe, Schütze) steht.

Im abnehmenden Mond gibt der Körper Energie ab, schwitzt, atmet aus, entschlackt. Zu dieser Zeit ist die Chance, ein paar Kilo zu verlieren, am größten.
Im zunehmendem Mond, besonders in einem Wasserzeichen, ißt der Mensch am liebsten und der Körper absorbiert die Nahrung viel besser. In dieser Zeit eine Diät zu beginnen, ist nicht ratsam, denn der Körper gibt kaum etwas her.

Was Sie sonst noch tun können

Um den Körper zu entschlacken, empfiehlt sich ein Tee aus Löwenzahn, Brennesseln und Pfefferminze. Gießen Sie einen Teelöffel der Mischung mit 1/4 Liter heißem Wasser auf und lassen Sie den Tee etwa zehn Minuten ziehen, bevor Sie ihn abseihen. Trinken Sie drei Tassen täglich.

Heiße Bäder und Saunabesuche unterstützen den Kreislauf während einer Diät und kurbeln die Stoffwechselvorgänge an.

Übrigens: Brennesseln ernten Sie am besten bei abnehmendem Mond, wenn er in einem Wasserzeichen (Krebs, Skorpion, Fische) steht. Am frühen Vormittag gesammelt, entfalten sie ihre volle Heilwirkung.

DÜNGEN

Beim Düngen gilt grundsätzlich wie beim Gießen: allzuviel schadet. Besonders bei Obstbäumen wird durch zu vieles Düngen eine normale Wurzelbildung verhindert.
Das Düngen ganz zu unterlassen, ist jedoch nicht sinnvoll. Gießen alleine reicht oft nicht, da die Nährstoffe, die die Pflanzen benötigen, oft in sehr geringen Konzentrationen im Boden vorhanden sind. Ein sicheres Zeichen, daß eine Pflanze Dünger braucht, ist, wenn sie nicht mehr wachsen will. Was die Häufigkeit der Düngung und die Düngermenge angeht, können Sie sich auf alle Fälle bei einem erfahrenen Gärtner Rat holen. Allerdings ist auch hier der beste Ratgeber die eigene Beobachtungsgabe und das Gefühl. Wenn Sie sich eine Zeitlang mit Pflanzen beschäftigen, erkennen Sie ohnehin, wann eine Düngung notwendig wird.

Welche Dünger sollen verwendet werden

Sehr viele Bio-Bauern schwören darauf, daß Kompost und Stallmist noch immer die besten Düngemittel sind, besonders für Obstbäume. Grundsätzlich ist dagegen auch nichts einzuwenden, denn Stallmist beinhaltet alle Nährstoffe, die eine Pflanze braucht, und schließlich wird er nicht umsonst seit Jahrtausenden mit solchem Erfolg verwendet. Doch es ist relativ schwierig, außerhalb eines landwirtschaftlichen Betriebes zu Stallmist zu kommen. Davon abgesehen, muß man bei der Anwendung sehr vorsichtig sein. Wenn Sie frischen Stallmist über Ihr Beet gießen, vernichten Sie möglicherweise damit alle Ihre Pflanzen mit einem Schlag. Lassen Sie ihn also einige Tage ruhen, damit er seine Schärfe und Konzentration verliert.
Im Handel sind organische Düngemittel und chemische Mineraldünger erhältlich. Chemische Minaraldünger sind in ihrer Wirkung sehr kraftvoll und schnell, kosten außerdem relativ

wenig. Der Nachteil dieser Dünger ist, daß sie den Boden und seine Bewohner schädigen. Deshalb: Verwenden Sie zur Düngung ausschließlich organische Substanzen! Sie wirken vielleicht nicht so schnell wie die chemischen Stoffe, dafür bereichern Sie den Boden und tragen zur Erhaltung des biologischen Gleichgewichts im Boden bei. Organische Dünger werden aus tierischen Abfallprodukten wie Hornmehl, Guano oder Knochenmehl hergestellt. Im Handel sind die verschiedensten Mischungen erhältlich, je nachdem, welche Nährstoffe überwiegend im Dünger enthalten sein sollen. Jede Pflanze hat ihre speziellen Vorlieben. Erfahrungswerte haben folgendes gezeigt:

- Wurzelgemüse (Kartoffeln, Karotten usw.) und Fruchtgemüse (Gurken, Tomaten usw.) benötigen mehr Phosphor und Kali im Dünger.
- Blattgemüse (Salat, Kohl usw.) benötigen stickstoffhaltigeren Dünger.

Der Zeitpunkt des Düngens

Wie das Gießen sollte auch das Düngen der Pflanzen an Tagen geschehen, an denen der Mond in einem Wasserzeichen steht (Krebs, Skorpion oder Fische). Düngen Sie ausschließlich bei Vollmond oder im abnehmenden Mond.

Blumendüngung

Auch die Düngung Ihrer Blumen sollte bei Vollmond oder im abnehmenden Mond in einem Wasserzeichen (Krebs, Skorpion, Fische) geschehen.

Wenn Blumen nicht richtig gedeihen wollen, wählen Sie für das Düngen zwischendurch einen Wurzeltag (Stier, Jungfrau, Steinbock).
Wenn Blumen nicht so recht blühen wollen, wählen Sie für das Düngen zwischendurch einen Blütentag (Zwillinge, Wasser-

mann, Waage). Allerdings sollten Sie hier vorsichtig agieren, denn das Düngen an diesen Tagen zieht die Läuse magisch an.

Die Pflanzenjauche

Oft wollen Pflanzen trotz bester Absichten und Pflege nicht so recht wachsen. Hier empfiehlt sich ein altes Mittel, das oft Wunder bewirkt. Die Pflanzen wachsen hervorragend an und werden kaum von Schädlingen geplagt.
Um die Pflanzenjauche herzustellen, geben Sie in ein Faß reichlich Brennesseln (die noch nicht blühen) und füllen Sie es mit Wasser. Dazu kommt noch eine Handvoll organischer Dünger. Stellen Sie das Faß in den Schatten und lassen Sie es dort stehen, bis der Inhalt zu gären beginnt. Rühren Sie die Brühe einmal täglich kräftig durch. Nach ein paar Tagen setzt der Gärungsprozeß ein. Um die recht heftige Geruchsbildung einzudämmen, können Sie täglich eine Handvoll Steinmehl zusetzen. Nach vierzehn Tagen entfernen Sie die pflanzlichen Überreste aus der fertigen Jauche und verdünnen 1 Liter Jauche mit 9 Liter Wasser. Die Pflanzen sollten nun einmal wöchentlich bei abnehmendem Mond mit Jauche gedüngt werden.

Was Sie sonst noch tun können

Torf darf nicht im trockenen Zustand mit der Blumenerde vermischt werden, denn dann saugt er die ganze Feuchtigkeit aus der Umgebung auf. Trotz reichlicher Bewässerung können Ihre Blumen dann austrocknen.
Für Bodenbereiche, die nicht bewachsen sind, empfiehlt sich das Mulchen. Mulchen ist das Abdecken des Bodens mit Pflanzenabfall wie Rindenschnitzel, Blätter, Rasenschnitt usw. Der Boden bleibt länger feucht.

Übrigens: Torf sticht man am besten bei abnehmendem Mond in einem Wasserzeichen (Krebs, Skorpion, Fische), dann hält er die Feuchtigkeit länger.

EINLAGERN, EINMACHEN UND EINKOCHEN

Um die Früchte Ihrer Ernte möglichst lange haltbar zu machen, ist es notwendig, den richtigen Zeitpunkt zum Einlagern, Einmachen und Einkochen abzuwarten. Dazu einige Tips:

- Marmelade, Säfte und Gelees werden bei abnehmendem Mond im Zeichen von Stier, Steinbock und Wassermann eingekocht.
- Obst und Gemüse werden bei abnehmendem Mond in den Tierkreiszeichen Stier, Steinbock, Wassermann, aber auch in Waage oder Schütze eingemacht.
- Einlagern von Gemüse und Obst bei abnehmendem Mond in Stier, Steinbock, Schütze und Wassermann.
- Getrocknete Früchte, Obst und Kräuter sollten bei abnehmendem Mond in einem Feuerzeichen eingelagert werden.
- Wurzelgemüse lagert man bei abnehmendem Mond im Steinbock.
- Wein wird bei abnehmendem Mond gemacht.
- Gemüse sollte nicht zu einem Wasserzeichen eingelagert oder eingemacht werden.
- Früchte oder Gemüse, die bei zunehmendem Mond geerntet wurden, sollten sofort verbraucht werden, da sie nicht lange halten.
- Für das Ernten, Lagern und Einmachen von Gemüse und Obst sind die Jungfrauentage ungeeignet, denn die Früchte faulen leichter und sind nicht haltbar.

Was Sie sonst noch tun können

Pflaumen müssen rasch nach der Ernte verbraucht werden, da sie nur bei sehr tiefen Temperaturen haltbar sind.

ERNTE UND LAGERUNG

Beim Aussäen und Pflanzen, beim Düngen, Gießen und Pflegen den richtigen Mond abzuwarten, ist ein wesentlicher Teil, den Sie zum besseren Gedeihen Ihrer Pflanzen beitragen können. Doch was nützt die schönste Frucht, wenn sie zum falschen Zeitpunkt geerntet und eingemacht wurde und nach kürzester Zeit verdirbt. Auch der richtige Zeitpunkt der Ernte, Einlagerung oder Konservierung entscheidet darüber, wie lange Sie von Ihren Früchten zehren können.

Die Ernte

Der richtige Zeitpunkt für das Ernten Ihrer Pflanzen ist von der Art der Pflanze abhängig, noch genauer dann, welcher Teil der Pflanze verwertet werden soll. Nicht nur, daß die Pflanzen dann einen wesentlich intensiveren Geschmack ausbilden, sie halten auch wesentlich länger. Daher einige grundlegende Regeln:

- Ernten sollte man bei schönem, warmen Wetter.
- Wurzelgemüse (Kartoffeln, Karotten, Sellerie usw.), also Gemüse das unter der Erde trägt, wird bei abnehmendem Mond in einem Erdzeichen (Stier, Jungfrau, Steinbock) geerntet.
- Gemüse und Früchte werden bei abnehmendem Mond in einem Feuerzeichen (Widder, Löwe, Schütze) geerntet. Auch für die Ernte geeignet sind Zwillinge und Wassermann.

Hier noch einige Tips:

- Kartoffeln und Pilze am besten an Vollmondtagen ausgraben, sie sind dann besonders aromatisch und halten lange.
- Traubenlese kurz nach Vollmond.
- Blumen, Kräuter und Früchte zum Trocknen bei abnehmendem Mond in einem Feuerzeichen.

- Rettich und Meerrettich bei abnehmendem Mond im Skorpion.
- Gemüse und Früchte kurz nach Vollmond, denn dann schmecken sie besonders intensiv.

Was Sie sonst noch tun können

Um einen schönen, weißen Kohl zu gewinnen, binden Sie die Blätter ein paar Wochen vor der Ernte oben zusammen.

Pfirsiche sollten niemals an Regentagen geerntet werden, sie verlieren ihr saftiges Aussehen. Sie sollten zumindest solange warten, bis die Früchte trocken sind.

Um besonders schönen Kohl, Sellerie und Tomaten zu ernten, müssen Sie diese Pflanzen häufiger düngen als andere, denn sie holen sich besonders viele Nährstoffe aus dem Boden.

Übrigens: Die beste Zeit, um zu düngen, ist der Vollmond oder generell der abnehmende Mond in einem Wasserzeichen (Krebs, Skorpion, Fische).

GARTEN UND FELD

Immer mehr Bauern besinnen sich in der heutigen Zeit auf eine möglichst naturnahe Bewirtschaftung ihres Hofes. Die jahrzehntelange Anwendung von chemischen Düngemitteln, Pestiziden und Insektiziden hat zwar optische und quantitative Erfolge bei den landwirtschaftlichen Produkten geliefert, aber im Gegenzug für starke Einbußen an Qualität gesorgt. Zu guter Letzt waren es w,ohl die Rufe aus der Bevölkerung, die ihr Recht auf giftfreie unbehandelte Produkte einforderte, die einige Bauern zur Umkehr in die biologische Landwirtschaft bewegten.
Im Laufe dieser Entwicklung greifen die Bauern auch wieder auf die jahrtausende alten Mondregeln zurück, die immer mehr in Vergessenheit geraten waren, da sie durch den Einsatz der chemischen Produkte scheinbar an Wert verloren hatten.
Die Umstellung auf die Rhythmen des Mondes benötigt natürlich etwas Geduld, da die jahrelang gedüngten Böden verwöhnt sind. Wenn man sich entschließt, auf natürliche Weise mit den Rhythmen des Mondes anzubauen oder zu gärtnern, muß man sich darauf einstellen, daß die Ergebnisse in der Umstellungsphase vielleicht nicht auf Anhieb den gewünschten Erfolg bringen werden. Geben Sie sich auf keinen Fall nach den ersten, manchmal nicht so gelungenen Versuchen geschlagen, sondern lassen Sie sich die dafür nötige Zeit. Es fällt kein Mehr an Arbeit an, beachten Sie einfach die richtigen Zeitpunkte, die durch den Mondstand und die Tierkreiszeichen vorgegeben sind, und Sie werden sehen, daß Ihr Tun mit der Zeit von Erfolg gekrönt wird. Auch wenn einmal ein terminliches Problem auftaucht oder das Wetter einen Strich durch Ihre Rechnung macht, und der Zeitpunkt für die Arbeit auf dem Feld oder im Garten versäumt wird, müssen Sie sich keine Sorgen machen, denn es gibt immer eine Ausweichmöglichkeit auf einen anderen Termin, der für dieselbe Arbeit auch gut geeignet ist.
Bei Arbeiten in der Landwirtschaft oder im Garten sollten Sie

die nachfolgenden Regeln beachten, die die Mondphasen und die Tierkreiszeichen berücksichtigen und seit Jahrtausenden erfolgreich angewendet werden.

Die Mondphasen

Wie in allen anderen Bereichen des Lebens wird bei der Arbeit im Garten und auf dem Feld die abnehmende und zunehmende Mondphase berücksichtigt.
Bei zunehmendem Mond atmet die Erde aus, die Säfte in der Pflanze steigen nach oben, das Wachstum über der Erde ist vorherrschend. In dieser Zeit sollten alle Tätigkeiten an Pflanzen durchgeführt werden, die über der Erde tragen.
Bei abnehmendem Mond atmet die Erde ein, die Säfte der Pflanze gehen nach unten in die Wurzel. Deshalb ist der abnehmende Mond günstig für Arbeiten an Pflanzen, die unter der Erde tragen. Diese Zeit ist auch gut für das Schneiden, Düngen, Gießen, Ernten und die Unkraut- und Schädlingsbekämpfung.
Im Gegensatz zur Erde verhält es sich beim Menschen genau umgekehrt. In der Zeit des zunehmenden Mondes sammelt der Körper Energie und atmet ein. Es ist eine Phase des Ausruhens und Planens. Bei abnehmendem Mond atmet der Körper aus und stellt seine Energie für Aktivitäten zur Verfügung.

Die Tierkreiszeichen

Ein weiterer, wichtiger Faktor für optimale Ergebnisse in Landwirtschaft und Garten ist das Tierkreiszeichen, in dem der Mond steht. Jedes Tierkreiszeichen beeinflußt die Pflanzen in einer ganz bestimmten Weise. Das richtige Tierkreiszeichen ist also ebenso wichtig wie die Mondphase, um ein bestimmtes Gewächs in seiner Entwicklung positiv zu beeinflussen.
Während sich die Erde um die Sonne bewegt, durchwandert die Sonne aus der Sicht der Erde alle zwölf Tierkreiszeichen innerhalb des Jahres. Auch der Mond durchwandert die Tier-

kreiszeichen. Diese Reise dauert etwa 28 Tage. So steht der Mond im Laufe dieses Zyklus etwa 2 1/2 Tage in jedem Tierkreiszeichen. Der Tierkreis beginnt beim Widder und endet bei den Fischen. In jeder dieser Phasen beherrscht der Mond spezifische Eigenschaften, die mit dem jeweiligen Tierkreiszeichen in Verbindung gebracht werden können.
Die Mondphasen können durch einen Blick in den Nachthimmel bestimmt werden, falls er nicht wolkenverhangen ist. Um die Stellung des Mondes in einem Tierkreiszeichen ausfindig zu machen, muß man sich aber mit einem Kalender weiterhelfen, der darüber Aufschluß gibt.

Frucht-, Blüte-, Blatt- und Wurzeltage

Die Tierkreiszeichen werden in vier grundlegende Elemente unterteilt, die das Universum repräsentieren: Feuer, Wasser, Luft und Erde. Langjährige Erfahrungen und Beobachtungen ließen folgende Zusammenhänge zwischen den vier Grundelementen und den einzelnen Teilen der Pflanzen erkennen, von denen sich die Regeln für die Behandlung von Pflanzen ableiten lassen.
Die Tierkreiszeichen des Feuers, Widder, Löwe und Schütze, wirken auf die Samen- und Fruchtbildung der Pflanzen. Steht der Mond in einem dieser Tierkreiszeichen, so spricht man von Fruchttagen.
Die Tierkreiszeichen der Luft, Zwillinge, Waage und Wassermann, wirken auf die Blüten der Pflanzen. Steht der Mond in einem dieser Zeichen, spricht man von Blütentagen.
Die Tierkreiszeichen des Wassers, Krebs, Skorpion und Fische, wirken auf die Stiele und Blätter der Pflanzen. Steht der Mond in einem dieser Sternzeichen, spricht man von Blattagen.
Die Tierkreiszeichen der Erde, Stier, Jungfrau und Steinbock, wirken auf die Wurzel der Pflanzen. Steht der Mond in einem dieser Tierzeichen, spricht man von Wurzeltagen.
Um einen bestimmten Teil einer Pflanze optimal gedeihen zu lassen, ist die Wahl des richtigen Tierkreiszeichens bei der Durchführung der verschiedensten Arbeiten notwendig.

Wenn man sich an diese grundsätzlichen Regeln hält, kann eigentlich nichts schief gehen. Sollte der vorgesehene Tag für die entsprechende Arbeit nicht wahrgenommen werden können, ist dies auch nicht schlimm, denn es stehen immer Ersatztermine zur Auswahl, die ähnlich gute Erfolge bringen. Sie sollten nur darauf achten, daß Sie nicht gegen alle Regeln verstoßen und damit Ihr Gesamtkonzept gefährden.
Nachfolgend erhalten Sie einen Überblick über die Eigenschaften der einzelnen Tierkreiszeichen.

Widder (Feuerzeichen)

- Unfruchtbare heiße Tage im Zeichen der Sonne.
- Samen- und fruchtbildende Tage.
- Eine gute Zeit für die Ernte von Gemüse und Obst.
- Arbeiten wie Graben, Hacken und Unkraut jäten sind in dieser Zeit günstig.
- Heckenschneiden, wenn die Hecke langsam nachwachsen soll.
- Für das Säen und Pflanzen sind diese Tage eher ungeeignet.

Stier (Erdzeichen)

- Fruchtbare Tage im Zeichen der Venus.
- Günstige Tage zum Säen und Pflanzen, besonders von Knollen und Wurzelgewächsen, aber auch von Salat und Kohlgemüse.
- Marmelade, Säfte und Gelees einkochen.
- Eine gute Zeit zum Umsetzen. Die Pflanzen werden eher kurzwüchsig und kräftig.
- Konservieren und Einlagern von Wurzelgemüse (Kartoffeln, Karotten etc.)
- Sammeln von Kräutern.
- Bekämpfung von unterirdischen Schädlingen.

Zwillinge (Luftzeichen)

- Unfruchtbare, trockene Tage im Zeichen des Merkur.
- Blühende Kletterpflanzen können an diesen Tagen gesät oder angepflanzt werden.
- Grundsätzlich ungeeignete Tage für das Säen und Pflanzen.
- Blumen halten besonders lange, wenn sie zu dieser Zeit geschnitten werden.
- Bodenpflege und Ernte empfiehlt sich in diesen Tagen.
- An diesen unfruchtbaren Tagen sollte der Rasen gemäht werden, wenn er nur langsam nachwachsen soll.
- Bekämpfen von überirdischen Schädlingen.

Krebs (Wasserzeichen)

- Fruchtbare, feuchte Tage im Zeichen des Mondes.
- Idealer Zeitpunkt zum Säen und Pflanzen.
- Gießen und Düngen an diesen Tagen kräftigt die Pflanzen in besonderem Maß.
- Schneiden von Hecken, die noch anwachsen und dicht werden sollen.
- Rasenmähen, wenn der Rasen jung ist und nachwachsen soll.
- Ansetzen eines Komposthaufens (abnehmender Mond, März bis April).
- Kein Einmachen oder Einlagern von Obst und Gemüse.

Löwe (Feuerzeichen)

- Unfruchtbar und heiß im Zeichen der Sonne.
- Unkraut jäten und Sträucher ausreißen ist zu dieser Zeit besonders günstig, da kaum mit einem Nachwuchs zu rechnen ist.
- Ernten von Gemüse und Obst.
- Der Rasen sollte bevorzugt an Löwetagen gemäht werden.
- Bekämpfung von Unkraut.
- Heckenschnitt, wenn die Hecke langsam nachwachsen soll.

- Ausschneiden von Bäumen und Sträuchern.
- Diese Tage sind für das Säen und Pflanzen ungeeignet.

Jungfrau (Erdzeichen)

- Unfruchtbar, obwohl ein Erdzeichen, im Einfluß von Merkur.
- An diesen Tagen sollte kein Gemüse gepflanzt oder gesät werden.
- Sommerblumen und Kletterpflanzen, zu dieser Zeit gesetzt oder gesät, wachsen schnell und tragen viele Blüten.
- Schädlingsbekämpfung (unterirdische) in diesen Tagen ist empfehlenswert.
- Kräuter sammeln.
- Bodenpflege, Umgraben, Jäten.
- Rasenmähen, wenn der Rasen langsam nachwachsen soll.
- Ansäen des Rasens.
- Das Einmachen und Einkochen von Obst und Gemüse ist zu dieser Zeit ungünstig.
- Auch das Einlagern von Gemüse ist in dieser Zeit nicht empfehlenswert.

Waage (Luftzeichen)

- Fruchtbar im Zeichen der Venus.
- Günstige Tage für das Säen und Pflanzen.
- Blütenpflanzen und Blumen gedeihen besonders gut, wenn sie in diesem Tierkreiszeichen gesät oder gepflanzt werden.
- Einlagern und Einmachen von Gemüse und Obst.
- Düngen von Blumen, die nicht mehr so recht blühen wollen.
- Gießen an diesen Tagen, läßt die Pflanzen gut gedeihen.

Skorpion (Wasserzeichen)

- Fruchtbar im Zeichen des Pluto.
- Guter Zeitpunkt zum Säen und Pflanzen.

- Pflanzen, die im Skorpion gesät oder gepflanzt werden, sind besonders widerstandsfähig. Besonders geeignet für Pflanzen, die über den Winter kommen sollen.
- Gießen und Düngen an diesen Tag läßt die Pflanzen gut gedeihen.
- Schneiden von Hecken, die noch anwachsen und dicht werden sollen.
- Komposthaufen ansetzen.
- Rasenmähen, wenn der Rasen jung ist und nachwachsen soll.
- Kletterpflanzen, die als Sichtschutz dienen sollen, bekommen besonders lange Triebe, wenn sie zu dieser Zeit gesät oder gepflanzt werden.
- Das Einkellern oder Lagern ist zu dieser Zeit nicht empfehlenswert.

Schütze (Feuerzeichen)

- Trocken und heiß im Zeichen von Jupiter.
- Gute Tage für die Gartenpflege und für die Ernte.
- Grundsätzlich kein guter Zeitpunkt, um zu säen oder zu pflanzen.
- Unkrautvertilgung.
- Als Ausnahme können an diesen Tagen Obstbäume gepflanzt werden, da die Fruchtbildung angeregt wird.
- Auch Zwiebeln, Kartoffeln und Karotten können zu diesem Zeitpunkt gesetzt werden (abnehmender Mond), wenn kein Ersatztermin zur Verfügung steht.
- Auslichten von Obstbäumen und -sträuchern, aber immer erst nach Vollmond.
- Bekämpfung überirdischer Schädlinge.

Steinbock (Erdzeichen)

- Halbfruchtbar im Zeichen des Saturn.
- Gut für das Pflanzen und Säen von sogenanntem Wurzelgemüse, wie Kartoffeln, Karotten, Zwiebeln usw.

- Pflanzen von Bäumen, Stäuchern und Büschen ist zu dieser Zeit günstig.
- Kräuter sammeln.
- Bekämpfung von Schädlingen, die im Boden leben.
- Düngen von Blumen mit schwacher Wurzelbildung.
- Einlegen und Lagern von Wurzelgemüse.
- Keine Blumen säen oder pflanzen.

Wassermann (Luftzeichen)

- Trocken, luftig im Zeichen des Uranus.
- Gartenpflege, Umgraben, Jäten ist in diesem Zeichen günstig.
- Bekämpfen von Schädlingen.
- Marmelade einkochen.
- Düngen von Blumen, die nicht mehr recht blühen wollen.
- Ausschneiden von Obstbäumen und -sträuchern.
- Gesät und gepflanzt sollte in dieser Zeit nicht werden.

Fische (Wasserzeichen)

- Feucht und fruchtbar im Zeichen des Neptun.
- Guter Zeitpunkt zum Säen und Pflanzen.
- Ansetzen eines Mist- oder Komposthaufens.
- Gießen und Düngen an diesen Tagen kräftigt die Pflanzen in besonderem Maß.
- Schneiden von Hecken, die noch anwachsen und dicht werden sollen.
- Komposthaufen ansetzen.
- Rasenmähen, wenn der Rasen jung ist und nachwachsen soll.
- Kartoffeln, bei abnehmendem Mond gepflanzt, werden besonders gut.
- Gemüse und Obst sollten zu dieser Zeit nicht eingelagert und eingemacht werden.

Mondphasen und Tierkreiszeichen

Wie vorhin besprochen wurde, berücksichtigt man bei der Arbeit in Garten und Landwirtschaft zum einen die Phasen des Mondes, zum anderen die Tierkreiszeichen, die der Mond bei seinem Zyklus um die Erde durchläuft. Beide Systeme sind richtig und funktionieren. Optimal ist natürlich eine Kombination aus beiden, so daß sowohl die richtige Mondphase als auch das richtige Tierkreiszeichen für die entsprechende Arbeit abgewartet wird. Sollte sich die richtige Mondphase nicht mit dem entsprechenden Tierkreiszeichen, das für die vorgesehene Arbeit geeignet wäre, decken, ist im Zweifelsfall immer auf die Mondphase Rücksicht zu nehmen.

GEMÜSE

Für die Aussaat und die Pflanzung von Gemüse gibt es grundlegende Richtlinien, die sich, aufgrund der Erfahrungswerte der Mondgärtner, im Laufe der Zeit herauskristallisiert haben:

Gemüse, das über der Erde trägt, wird bei zunehmendem Mond angepflanzt oder gesät (z.B. Kohl, Salat, Spargel usw.).
Gemüse, das unter der Erde fruchtet (Wurzelgemüse), wird bei abnehmendem Mond (wenn möglich jedoch nicht im 4. Viertel des Mondzyklus) gepflanzt und gesät (z.B. Kartoffeln, Radieschen, Sellerie usw.).

Diese Regeln bilden ein grundsätzliches Schema für Aussaat und Pflanzung. Es gibt aber auch Ausnahmen. Genaue Pflanzhinweise für die einzelnen Gemüsesorten, bezüglich Mondphase und Tierkreiszeichen, können Sie aus nachfolgender Tabelle entnehmen:

Gemüse	**Mondphase**	**Tierkreiszeichen**
Artischocke	zunehmend	Kre, Fi, Stei
Aubergine	zunehmend	Kre, Sko, Fi, Waa
Bohnen	zunehmend	Kre, Sko, Fi, Sti
Brokkoli	zunehmend	Kre, Sko, Fi, Waa
Chicoree	abnehmend	Kre, Sko, Fi, Waa
Endivien	zunehmend	Kre, Sko, Fi, Stei
Erbsen	zunehmend	Kre, Sko, Fi, Jfr
Erdbeeren	zunehmend	Kre, Sko, Fi, Waa
Gurken	zunehmend	Kre, Sko, Fi, Schü
Karotten	abnehmend	Kre, Sko, Sti
Kartoffeln	abnehmend	Kre, Sko, Waa
Knoblauch	abnehmend	Kre, Sko, Stei, Waa
Kohlgemüse	zunehmend	Kre, Sko, Fi, Waa

Kohlrabi	abnehmend	Kre, Sko, Fi, Waa
Kresse	zunehmend	Kre, Sko, Fi
Kürbis	zunehmend	Kre, Sko, Fi, Stei
Lauch	zunehmend	Kre, Sko, Schü
Mais	zunehmend	Kre, Sko, Fi, Stei
Meerrettich	zunehmend	Kre, Sko, Fi, Waa
Paprika	zunehmend	Kre, Sko, Stei
Petersilie	zunehmend	Kre, Sko, Fi, Waa
Radieschen	abnehmend	Fi, Waa, Sti
Rhabarber	abnehmend	Schü, Wid, Stei
Rote Rüben	abnehmend	Kre, Sko, Fi
Rüben	abnehmend	Kre, Sko, Fi, Waa
Salat	abnehmend	Kre, Sko, Fi
Schnittlauch	zunehmend	Kre, Sko, Fi, Waa
Sellerie	zunehmend	Kre, Sko, Fi
Spargel	zunehmend	Kre, Sko, Fi, Stei
Spinat	zunehmend	Kre, Sko, Fi, Stei
Tomaten	zunehmend	Kre, Sko, Fi, Waa
Zucchini	zunehmend	Kre, Sko, Fi, Stei
Zwiebeln	abnehmend	Kre, Fi, Sti, Waa

Was Sie sonst noch tun können

Kranke Gemüsepflanzen müssen sofort mit den Wurzeln ausgerissen werden, damit sich eine eventuelle Krankheit nicht verbreiten kann. Vorsichtshalber sollten Sie auch die umliegenden Pflanzen aus dem Beet entfernen. Werfen Sie die kranken Pflanzen nicht auf den Komposthaufen.

Gurken dürfen an heißen Tagen nicht mit kaltem Wasser gegossen werden. Es besteht die Gefahr, daß sie bitter werden.

Übrigens: Die beste Zeit, um ihre Beete zu gießen, ist der abnehmende Mond in einem Wasserzeichen (Krebs, Skorpion, Fische).

GESICHTSMASKEN

Das Gesicht ist das Spiegelbild der Seele. So wie Sie sich fühlen, so sehen Sie meist auch aus. Masken sind in der Lage, nicht nur die Gesichtshaut selbst zu pflegen, sie können auch beruhigend und regenerierend auf die Seele wirken.

Die günstigste Zeit für Gesichtsmasken ist der zunehmende Mond. Wenn Sie auch noch das Zeichen des Wassermannes abwarten, haben Masken eine besonders gute Wirkung.

Was Sie sonst noch tun können

Quarkmasken wirken entspannend und beruhigend, wenn einem die Müdigkeit ins Gesicht geschrieben steht. Verrühren Sie drei Eßlöffel Quark mit einem Eßlöffel Honig und tragen Sie die Maske auf die gereinigte Haut auf. Lassen Sie die Maske etwa 20 Minuten einwirken und waschen Sie sie danach mit warmem Wasser ab.

Verstopfte Hautporen lassen sich mit einer Mandelkleiemaske gut öffnen. Rühren Sie Mandelkleie und lauwarme Milch zu einem Brei an, den Sie auf die Haut auftragen. Lassen Sie die Maske trocknen und waschen Sie sie anschließend mit warmem Wasser ab.

Gegen gerötete und entzündete Gesichtshaut hilft eine Maske aus Heilerde und Quark. Verrühren Sie je einen Eßlöffel der beiden Komponenten mit einem Eigelb zu einem Brei und tragen Sie die Maske auf. Nachdem sie angetrocknet ist, waschen Sie die Maske mit warmem Wasser ab.

Schlüsselblumenmaske gegen Hautunreinheiten: Gießen Sie zwei Eßlöffel frischer Schlüsselblumen mit 1/4 Liter heißem

Wasser auf und lassen Sie sie eine Stunde ruhen. Dann seihen Sie sie ab und drücken die Schlüsselblumen kräftig aus. Vermischen Sie einen Eßlöffel des Absuds mit Quark und tragen Sie die Mischung auf das Gesicht auf. Lassen Sie die Maske 20 Minuten wirken und waschen Sie sie anschließend mit warmen Wasser ab.

Übrigens: Schlüsselblumen entfalten ihre beste Heilwirkung, wenn sie bei abnehmendem Mond im Zeichen von Zwillinge, Waage oder Wassermann geerntet werden.

HAARPFLEGE

Haarpflege ist ebenso ein jahrtausende altes Thema wie die Regeln, die im Zusammenhang mit den Mondphasen beachtet werden sollen. Eine grundlegende Mondregel besagt, daß bei zunehmendem Mond alle Wachstumsvorgänge rascher vor sich gehen als bei abnehmendem. Auch beim Schneiden der Haare sollte man sich an diese Regeln halten. Zwar wachsen die Haare pro Monat durchschnittlich nur etwa einen Zentimeter, was durch das Schneiden zum richtigen Zeitpunkt nicht wesentlich verändert wird, dennoch zeigt die Praxis, daß man besonders bei empfindlichem Haar ausgezeichnete Erfolge verbuchen kann, wenn man die Mondregeln beachtet.

Langes, kräftiges Haar

Wenn Sie Ihre Haare lange wachsen lassen wollen und sich kräftiges volles Haar wünschen, lassen Sie die Haare im Zeichen von Löwe, Jungfrau oder Wassermann schneiden. Achten Sie darauf, daß sie regelmäßig in diesen Tierkreiszeichen geschnitten werden, dann wird das Haar spürbar schneller wachsen. Besonders günstig auf den Haarwuchs wirken die Tierkreiszeichen, wenn sie in die zunehmende Mondphase fallen.
Spezialisierte Mondfriseure haben aufgrund ihrer jahrelangen Erfahrungswerte herausgefunden, daß es ganz bestimmte Tage gibt, die ein vermehrtes Wachstum der Haare fördern. Es sind dies der dritte Tag nach dem Neumond und der dritte Tag vor dem Vollmond. Besonders bei empfindlichem, feinem Haar sollte man sich diese Tage zum Haarschneiden aussuchen, auch wenn man dabei Wartezeiten in Kauf nehmen muß, da so mancher »Mondfriseur« zu dieser Zeit überbelegt ist.

Kurzes Haar

Wenn Ihnen der regelmäßige Gang zum Friseur zu aufwendig ist, oder wenn Sie einfach Geld sparen wollen, lassen Sie das Haar in der abnehmenden Mondphase oder besser bei Vollmond schneiden. Steht der Mond im Zwilling oder im Steinbock, wird der Wachstumsprozeß zusätzlich vermindert.

Dauerwelle

Viele Frauen wünschen sich einen prächtigen Lockenkopf. Dauerwellen sind aber oft eine sehr heikle Angelegenheit. Wenn man nicht die idealen Haare besitzt, kann es schon vorkommen, daß die Dauerwelle nicht hält und in sich zusammenfällt. Für eine standfeste Dauerwelle, die gut und lange halten soll, wählen Sie den Mond im Zeichen der Jungfrau oder des Wassermanns. Optimal wäre es, wenn zu diesem Zeitpunkt der Mond in seiner zunehmenden Phase stünde. Meiden Sie Ihren Friseur im Löwen, wenn die Dauerwelle gelingen soll.

Helles Haar

Wer dunkles Haar hat und und es sich auf natürlichen Weg etwas aufhellen lassen möchte, sollte sich die Haare bei Vollmond schneiden lassen.

Struppiges Haar

Lassen Sie Ihre Haare im Zeichen des Krebs schneiden, besteht die Gefahr, daß sie struppig und widerspenstig werden.

Formschöne Frisur

Wenn Ihre Frisur längere Zeit die Form halten soll, ist es ratsam, sie in der abnehmenden Mondphase schneiden zu lassen. Die Haare sind in dieser Phase nicht so elastisch und wachsen langsamer nach.

Haare färben

Die Farbe wird am besten bei zunehmendem Mond von den Haaren aufgenommen und hält dadurch auch länger. Optimale Ergebnisse erzielen Sie, wenn Sie das Zeichen des Wassermanns abwarten.

Was Sie sonst noch tun können

Sie sollten auf Nikotin und Alkohol verzichten, wenn Sie auf besonders schöne Haare Wert legen.

Bei spärlichem Haarwuchs wird schon seit Generationen Klettenwurzelöl zur Regeneration eingesetzt. Zerkleinern Sie etwa 200 Gramm frische Klettenwurzeln und füllen Sie diese in eine Flasche, die mit 1/2 Liter Olivenöl aufgefüllt wird. Lassen Sie das Öl an einem dunklen, kühlen Ort drei Wochen stehen und seihen Sie es ab. Reiben Sie täglich die Kopfhautdamit ein.

Haarspülungen mit Birkenblätterextrakt helfen gegen Schuppenbildung und fettiges Haar. Gießen Sie zwei Eßlöffel Birkenblätter mit 1/2 Liter heißem Wasser auf. Lassen Sie das Extrakt etwa zwei Stunden ruhen und seihen Sie es danach ab. Nach der Haarwäsche wird der Absud in die Haare einmassiert.
Eine natürliche Möglichkeit, seine grauen Haare etwas nachzudunkeln, bietet das Brennesselextrakt. Kochen Sie dazu eine Handvoll Brennesseln in einem Liter Wasser etwa zehn Minuten auf und verwenden Sie den Absud zum Färben der Haare.

Übrigens: Zum Ernten der Brennessel sollten Sie den zunehmenden Mond in einem Wasserzeichen (Krebs, Skorpion, Fische) abwarten.

HAUSHALT

In unserer Gegenwart, in der für nichts und niemanden mehr Zeit bleibt, in der jeder damit beschäftigt ist, seine Zeit mit sinnvollen und weniger sinnvollen Dingen auszulasten, geraten die elementaren Bedürfnisse des Menschen immer mehr ins Hintertreffen. Man kommuniziert kaum mehr miteinander, Beziehungen zerbrechen an der Oberflächlichkeit der Gesellschaft, jeder ist auf seinen Vorteil bedacht und plagt sich für Dinge ab, die in Wirklichkeit keinen echten Wert haben.

Oberflächlich betrachtet passen so »unmoderne« Dinge wie Mondrhythmen eigentlich überhaupt nicht in unsere heutige Gesellschaft, wenn da nicht ganz heimlich immer wieder und immer häufiger die Sehnsucht nach dem alten Wissen aufkeimen würde. Denn in Wahrheit kennt jeder Mensch seine Bestimmung, sein Anliegen und seine Bedürfnisse, auch wenn diese vielleicht verschüttet sind und sich nur sehr leise bemerkbar machen.

Auch im täglichen Haushalt haben Hektik und Streß ihren Einzug gehalten. Natürlich möchte jeder diese nicht immer angenehmen Arbeiten so schnell wie möglich hinter sich bringen. Deshalb greifen wir auch auf immer effizientere Methoden zurück, um den Haushalt auf Vordermann zu bringen. Effizienz ist aber in den seltensten Fällen mit Vernunft gleichzusetzen, denn wenn man sich einmal mit den alltäglichen Haushaltsmitteln auseinandersetzt, erkennt man, wie effizient diese der Natur zusetzen. Und diese Belastung steigt proportional mit der Effizienz der Mittel.

Wenn man sich auf die alten Mondregeln besinnt, wird man erkennen, daß auch in diesem Bereich so manches mit dem gleichen Ergebnis erreicht werden kann, ohne gleich die chemische Kampftruppe anrücken zu lassen. Davon abgesehen reduziert der richtige Umgang mit den Mondphasen im Haushaltsalltag den Streßfaktor, denn sehr viele Arbeiten wirken intensiver und länger.

Zu Beginn bedarf es natürlich einer gewissen Zeit, um sich an die Mondrhythmen anzupassen. Aber tatsächlich gehen die Arbeiten im Haushalt viel leichter von der Hand, wenn man die richtige Mondphase für die entsprechende Tätigkeit abwartet. Böden lassen sich leichter und intensiver reinigen und behalten ihren Glanz viel länger. Die Wäsche wird sauberer als sonst und nimmt Schmutz nicht so leicht auf. Dies ist nur ein kleiner Ausschnitt aus dem Angebot, das Ihnen der Mond bietet. Versuchen Sie, sich an die Regeln zu halten und lassen Sie sich überraschen. Wenn Sie noch immer sehr skeptisch sind, lassen Sie sich doch einfach auf einen kleinen Test ein.
Legen Sie beispielsweise schmutzige Wäsche in einen Eimer mit einer Waschlauge und lassen Sie die Wäsche dort eine Weile ruhen. Machen Sie dies einmal bei zunehmendem und einmal bei abnehmendem Mond. Sie werden sehen, daß sich der Schmutz von der Wäsche, die bei abnehmendem Mond eingelegt wurde, viel schneller und besser löst als bei dem anderen Testobjekt. Die Wäsche wird sauberer, fühlt sich besser an und riecht viel frischer (auch wenn sich das jetzt wie eine Waschmittelwerbung anhört).

HAUTPFLEGE

Bei zunehmendem Mond ist die Haut am besten durchblutet und die Poren sind weit geöffnet. Dies ist auch der richtige Zeitpunkt für die Hautpflege. Reinigungen, Peelings oder die Behandlung von Pickeln und Mitessern lassen sich am besten bei zunehmendem Mond bewerkstelligen.
Besonders bei der Behandlung von Pickeln sollte man diesen Zeitpunkt abwarten, denn die Haut entzündet sich nicht so leicht, und es bleiben kaum sichtbare Zeichen der Behandlung zurück. Hingegen sollte man auf alle Fälle den abnehmenden Mond vermeiden, denn die Haut ist schlecht durchblutet und leicht entzündlich.
Wenn Sie stark unter Pickeln leiden, ist es günstig, die Ernährung umzustellen und fette, stark gewürzte, gesalzene Speisen, Süßigkeiten, Schokolade, Nikotin und Alkohol deutlich zu reduzieren. Vollwertkost, Gemüse, Obst und viel Betätigung an frischer Luft helfen, die Pickelbildung zu verhindern.
Bei der Behandlung Ihrer Pickel sollten Sie peinlichst auf Reinlichkeit achten (also nie mit den bloßen Fingern). Verwenden Sie zum Waschen des Gesichts keine normale Seife, sondern einfach nur Wasser oder medizinische, schwefelhaltige Seife. Die Sonne, in Maßen genossen, wirkt sich günstig auf die Haut aus.

Was Sie sonst noch tun können

Ein altes Hausmittel, für das sich die Haut immer sehr dankbar zeigt, ist die warme Kamillenauflage. Kochen Sie dazu zwei Eßlöffel Kamillen in 1/4 Liter Wasser auf, und lassen Sie die Essenz zehn Minuten ziehen. Tränken Sie ein sauberes Tuch mit dem Absud und lassen Sie es etwa 15-20 Minuten auf dem Gesicht wirken.

Ein altbewährtes Hausmittel bei Pickeln ist auch die Meerrettich-Essig-Auflage. Dazu reiben Sie einen Meerrettich und füllen ihn in eine Flasche, die mit Essig aufgefüllt wird. Der Essig soll den Meerrettich überdecken. Lassen Sie das Ganze etwa zwei Wochen an einem gut temperierten Platz ziehen. Verwenden Sie die Essenz zweimal täglich, ohne den Meerrettich vorher abzuseihen.

Übrigens: Die beste Zeit für die Aussaat des Meerrettichs ist der zunehmende Mond im Zeichen von Krebs, Skorpion oder Fische.

HOLZ

Holz ist auch heute noch ein viel benötigter Baustoff. Je nach Verwendungszweck gilt es, auch für die Verarbeitung von Holz die Phase des Mondes zu berücksichtigen, um die besten Ergebnisse zu erzielen.

Möbelholz

Um ein Holz zu erhalten, das sich nicht verzieht und sein Volumen verändert, muß es im Dezember bei zunehmendem Mond im Zeichen von Wassermann oder Fische geschlagen werden.

Holzboden

Schweres stabiles Holz, etwa für Holzböden, erhalten Sie, wenn es am ersten Tag nach Vollmond im Stier geschlagen wird. Nachdem dieser Tag nicht jedes Jahr vorkommt, ist der zunehmende Mond im Dezember im Zeichen von Wassermann oder Fische eine Alternative.

Werkzeugholz

Holz, das bei Werkzeugen Verwendung findet (Werkzeugstile, Besenstile usw.), sollte hart und leicht sein. Dieses Holz gewinnen Sie, wenn es im November bei zunehmendem Mond (am besten bei Neumond) im Skorpion geschlagen wird. Das Holz muß jedoch sofort entrindet werden, da der Borkenkäfer sonst nicht lange auf sich warten läßt.
Ein weiterer, günstiger Termin, um solches Holz zu schlagen, ist der zunehmende Skorpion-Mond im August.

Nichtfaulendes Holz

Der beste Zeitpunkt, nichtfaulendes Holz zu gewinnen, liegt bei abnehmendem Mond in den Wasserzeichen Krebs und Fische. Das Holz kann für Wasserstegbauten, Schiffbau, Brückenbau usw. herangezogen werden.

Schwer entflammbares Holz

Besonders in früheren Zeiten, als Holz noch das überwiegende Baumaterial darstellte, bemühte man sich, Holz zu gewinnen, das sehr schwer entflammbar war. Die überlieferten Regeln sagen: Holz, das am 1. März nach Sonnenuntergang geschlagen wurde, ist sehr schwer brennbar.
Alternativ dazu erhalten Sie auch schwer brennbares Holz, wenn Sie es bei Neumond im Zeichen der Waage in den letzten Tagen vor dem Dezemberneumond oder in den letzten 48 Stunden vor dem Märzneumond schlagen.

Brennholz

Besonders gut brennendes Holz erhält man, wenn es im Oktober bei zunehmendem Mond (1. Viertel) geschlagen wird.

Schädlingsfreies Holz

Holz, das nicht von Schädlingen befallen werden soll, schlagen Sie am besten bei zunehmendem Mond im Zeichen der Fische.

Schnitzholz

Für Schnitzereiarbeiten eignet sich nur Holz, das nicht rissig wird. Dieses gewinnen Sie mit dem Schlagen des Holzes ein paar Tage vor Neumond im November.

Alternativen dazu sind der 25. März, der 29. Juni und der 31. Dezember. Wenn das Holz an diesen Tagen geschlagen wird, bildet es keine Risse und Sprünge.

Christbäume

Tannen oder Fichten, die bei zunehmendem Mond geschlagen werden, werfen ihre Nadeln nicht so schnell ab. Noch besser wäre der Termin drei Tage vor dem elften Vollmond des Jahres. Der Baum hält seine Nadeln sehr lange.

KOMPOSTHAUFEN

In Zeiten wie diesen, in denen das Wiederverwerten zum guten Ton in allen umweltbewußten Haushalten gehört, gewinnt der gute, alte Komposthaufen immer mehr an Bedeutung. Schließlich ist er ein Gratis-Lieferant für einwandfreien Humus, der Ihre Pflanzen mit den notwendigen Nährstoffen versorgt. Es bedarf nicht viel an Zutaten und Aufwand, denn wenn der Komposthaufen einmal ordnungsgemäß angelegt ist, übernimmt die Natur den Rest. Zum Kompostieren eignen sich sehr viele natürliche Abfälle, die in Küche und Garten anfallen, außerdem benötigt der Komposthaufen Luft, etwas Erde und Wasser.

Abfälle, die sich für den Komposthaufen eignen:

- Alles, was in der Küche an organischem Müll anfällt: Obst-, Gemüsereste, Eierschalen, Kaffeefilter, Teeblätter usw.
- Alles, was im Garten an organischen Stoffen anfällt: Blumenreste, Laub, Fallobst, kleine Äste, Blätter usw.
- Tier- und Menschenhaare.

Was kommt nicht auf den Komposthaufen

- Alles, was nicht schnell verrottet: Glas, Steine, Chemieabfälle, Plastik, Metall.
- Essensreste, Fleisch
- Fäkalien
- Kranke Pflanzen

Tips zum Anlegen eines Komposthaufens:

- Wählen Sie für Ihren Komposthaufen einen windgeschützten Ort, der im Halbschatten liegt. In der prallen Sonne würde er zu schnell austrocknen, im Schatten fehlt die Wärme, die den Umwandlungsprozess beschleunigt.
- Bevor Sie den Kompost ansetzen, sollte der Boden darunter etwas gelockert und mit einer etwa 10 cm dicken Schicht aus trockenen Rasenabfällen, Stroh oder kleingehäckselten Zweigen bedeckt werden.
- Nachdem der Kompostbehälter aufgestellt ist, wird als Grundlage lockeres, sperriges Material (kleine Äste, Heckenschnitt usw.) eingelegt.
- Die einzelnen Abfälle werden nun Schicht um Schicht in den Behälter eingebracht. Feines Material sollte auf grobes folgen. Außerdem sollte Grasschnitt nie zu dick eingeschichtet werden, da es zu Fäulnisbildung kommen kann. Günstig ist auch das Aufstreuen von Gartenerde zwischen den einzelnen Schichten. Nach dem Einschichten der Abfälle wird der Komposthaufen ein wenig festgestampft.
- Zum Schluß empfiehlt es sich, eine Schicht Stallmist, Horn- oder Steinmehl aufzustreuen, um den Verrottungvorgang zu beschleunigen.

Wann ist der richtige Zeitpunkt gekommen, einen Komposthaufen anzulegen?

Der beste Zeitpunkt für diese Arbeit ist März und April bei abnehmendem Mond im Zeichen von Krebs, Skorpion oder Fischen.

Zur selben Zeit und selben Mondkonstellation sollte der Kompost auch verwendet werden. Beachten Sie, daß der Kompost nie unverdünnt für junge Pflanzen verwendet werden sollte. Sonst kann er überall im Garten bei abnehmendem Mond unverdünnt auf die Beete gestreut werden.

Was Sie sonst noch tun können

Der Kompost sollte nur auf dem Beet verteilt werden. Das Untergraben der Komposterde bringt nicht viel, da die meisten Gemüsesorten Flachwurzler sind.

KRANKHEIT – GESUNDHEIT

Die moderne Apparatemedizin mit ihren Behandlungsmethoden ist für uns heute von unschätzbarem Wert. Akute Krankheitsbilder oder Verletzungen sind ohne ihre Hilfe kaum heilbar. Trotzdem sollte nie außer acht gelassen werden, daß sie durch ihre Sicht von Mensch und Krankheit doch auch wesentliche Probleme mit sich bringt.

Eine Krankheit wird immer mit den Symptomen, die sie auslöst, gleichgesetzt und dementsprechend werden auch nur die Symptome bekämpft, die tatsächliche Ursache bleibt dabei unberücksichtigt. Die chemischen Stoffe wirken gezielt auf die Körperbereiche, die »krank« sind, und erzielen in vielen Fällen auch eine schnelle Wirkung. Aber ist dadurch die Krankheit besiegt? In vielen Fällen zeigen sich dieselben Symptome immer wieder oder treten in anderer Form ans Tageslicht, da die Krankheitsursache nie beseitigt wurde, und der Körper immer wieder in irgendeiner Form auf die Krankheit reagieren muß.

Die tatsächliche »Heilung« von Krankheit kann immer nur durch die Kraft des eigenen Körpers geschehen. Der Mensch ist ein selbstregulierendes System, mit Mechanismen ausgestattet, die ihre eigenen Waffen gegen die Krankheit richten. Sehr viele Naturheilmethoden gründen auf dieser Erkenntnis und unterstützen lediglich den Körper bei seinem Kampf gegen die Krankheit. Diese Heilvorgänge wirken sehr sanft und dauern oft länger als die akuten Methoden der Schulmedizin, wirken dafür umso intensiver und nachhaltiger.

Das Problem ist, daß niemand mehr Zeit hat, weder für seine Umgebung noch für sich selbst. Bei jedem Wehwehchen rennt man zum Arzt und schlägt mit der chemischen Keule zu, um das Übel so schnell wie möglich loszuwerden, wie Spitzensportler, die für den nächsten Wettkampf fit sein müssen. Welcher Schaden dadurch dem Körper zugefügt werden kann, interessiert wenige. Ein bißchen mehr Zeit und Besonnenheit und vor allem ein wenig mehr Verantwortungsbewußtsein würden den meisten von uns nicht schaden. Verantwortung für sich zu übernehmen, bedeutet, das Leben bewußter zu gestalten, aktiv Einfluß auf Gesundheit und Lebensfreude zu nehmen. Wie alles in dieser Welt einem bestimmmten Rhythmus folgt, so ist auch der Mensch an bestimmte Rhythmen gebunden, die er nicht permanent mißachten kann, ohne dabei mit gesundheitlichen Konsequenzen zu rechnen. Die Richtlinien, die das Leben selbst vorgibt, müssen eingehalten werden, wenn man auf die Qualität seines Lebens Wert legt. Genauso notwendig ist es, verantwortungsvoll mit seiner Krankheit umzugehen. Sich auf andere und deren Maßnahmen zu verlassen, ist die billigste Variante, die aber mit Sicherheit nicht zum Ziel führt. Einer Krankheit bewußt zu begegnen, seinen Körper beim Kampf gegen Krankheiten aktiv zu unterstützen, mag wohl anstrengend und zeitintensiv sein, aber eigentlich ein Preis, den man gerne bezahlen sollte.

Mond und Medizin

Die Behandlung nach den Gestirnen ist so alt wie die abendländische Medizin selbst. Hippokrates, auf den jeder heutige Arzt seinen Eid schwört, heilte schon nach den Rhythmen der Gestirne, und viele große Mediziner nach ihm schworen auf die Richtigkeit seiner Erfahrungen.
Überlieferungen und neue Erkenntnisse haben gezeigt, daß jedes Tierkreiszeichen, das der Mond auf seinem Weg um die Erde durchwandert, eine bestimmte Körperregion beeinflußt. Die Regeln, die davon abgeleitet wurden, besagen:

Alles, was für den vom Mond beeinflußten Körperteil getan wird, wirkt doppelt gut. Alles, was dem vom Mond beeinflußten Körperteil zum Schaden gereicht, wirkt doppelt schlecht.

Sein Leben auf die Mondrhythmen umzustellen, ist bestimmt nicht leicht und gelingt auch bei aller Hingabe nicht immer.

Dennoch ist ein mondorientiertes Leben zugunsten einer besseren Lebensführung auf alle Fälle zumindest einen Versuch wert. Was zu Beginn vielleicht aufwendig und umständlich erscheint, wird sich in kürzester Zeit als ganz natürlicher Lebensrhythmus einpendeln, Entlastung und gesteigerte Lebensqualität mit sich bringen.

Die Wirkung des Mondes auf den Körper

Tierkreiselemente	**Wirkung**
Feuerzeichen (Widder, Löwe, Schütze)	Sinnesorgane
Erdzeichen (Stier, Jungfrau, Steinbock)	Blutkreislauf
Luftzeichen (Zwillinge, Waage, Wassermann)	Drüsen
Wasserzeichen (Krebs, Skorpion, Fische)	Nerven

Tierkreiszeichen	**Körperteile**
Widder	Kopf, Gehirn, Augen
Stier	Hals, Kehlkopf, Mandeln, Ohren, Kiefer, Zähne, Nacken
Zwillinge	Schulter, Arme, Hände, Finger, Lunge
Krebs	Brust, Lunge, Magen, Leber, Galle
Löwe	Herz, Rücken, Schlagader, Blutkreislauf, Zwerchfell
Jungfrau	Verdauungsorgane, Nerven, Milz, Bauchspeicheldrüse
Waage	Nieren, Blase, Hüfte

Skorpion	Geschlechtsorgane, Nase, Harnleiter
Schütze	Hüften, Oberschenkel, Venen, Leber
Steinbock	Knie, Gelenke, Knochen, Haut, Zähne
Wassermann	Unterschenkel, Waden, Venen
Fische	Füße, Zehen

Eine ausführlichere Beschreibung der Wirkung der Tierkreiszeichen auf Körper und Geist können Sie in den Umschlagklappen nachlesen.
Neben den Tierkreiszeichen, die den Körper beeinflussen, darf natürlich die Wirkung des abnehmenden und zunehmenden Mondes nicht vergessen werden.

Der zunehmende Mond
Der Körper nimmt und speichert Energie, sammelt seine Kräfte, atmet ein; eine Phase der Erholung und Schonung.

Der abnehmende Mond
Der Körper gibt Energie ab, schwitzt, macht seine Kräfte mobil, atmet aus; eine Phase der Aktivität und Kraft.

Um seine Gesundheit zu erhalten oder auch um notwendige medizinische Maßnahmen mit der größtmöglichen Wirksamkeit durchzuführen, ist ein Ausrichten nach den Mondphasen und Tierkreiszeichen von großer Bedeutung.

Wichtige Mondregeln zur Gesundheit

- Operationen sollten nach Möglichkeit nie an einem Tag durchgeführt werden, an dem der Mond in einem Tierkreiszeichen steht, das den zu operierenden Körperteil beeinflußt.
- Operationen an Tagen, an denen der Vollmond näher rückt, oder an Vollmondtagen selbst unbedingt vermeiden. Die gün-

stigste Zeit für chirurgische Eingriffe ist der abnehmende Mond.

- Der günstigste Augenblick, einem Körperteil etwas Gutes zukommen zu lassen (Heilmittel, Entschlackung usw.), ist die Zeit, wenn der Mond in dem Tierkreiszeichen steht, das den besagten Körperteil beeinflußt.
- Bei zunehmendem Mond (besonders Voll- oder Neumondtage) wirken anregende Mittel besonders gut. Im Zeichen der Fische wird die Wirkung noch einmal verstärkt. Beruhigende Maßnahmen sind in dieser Zeit nicht so wirksam.
- Psychisch labile Menschen spüren den Mondwechsel besonders stark (Voll- und Neumondtage). In diesen Tagen ist es günstig, alle Aufregungen oder belastende Situationen zu vermeiden.
- Maßnahmen, die dem Körper zugute kommen sollen, wirken bei zunehmendem Mond stärker.
- Abführende Maßnahmen (Diäten, Entgiftungen, Operationen) verkraftet der Körper leichter im abnehmendem Mond.
- Schlechte Gewohnheiten werden am besten am Neumondtag (oder der Zeit danach) über Bord geworfen. Dieses Vorhaben wird durch Schütze und Wassermann günstig beeinflußt.

KRÄUTER

Seit jeher nehmen die Kräuter in der Naturheilkunde und Schönheitspflege den wichtigsten Platz ein. Schon unsere Vorfahren wußten von der heilenden Wirkung verschiedener Pflanzen und setzten sie gezielt gegen bestimmte Krankheiten ein. Durch Überlieferungen und die ständige Weiterentwicklung des Wissens über Heilpflanzen entstand eine Fülle von altbewährten Hausmitteln, die nichts an Bedeutung verloren haben und heute noch eingesetzt werden. Nicht umsonst hat der überlieferte Spruch »Gegen jede Krankheit ist ein Kraut gewachsen« seine Berechtigung und ist heute trotz moderner Schulmedizin genauso aktuell wie in vergangenen Zeiten. Auch wissenschaftliche Untersuchungen von Pflanzen trugen dazu bei, daß der modernen Naturheilkunde über 10 000 Heilpflanzen bekannt sind und zur Anwendung gegen Krankheiten eingesetzt werden können.
Heilpflanzen können in Apotheken und Reformhäusern erworben werden. Viele sammeln die Kräuter am liebsten selbst. Hierbei muß man aber verschiedene Richtlinien beachten und Kenntnisse in der Pflanzenheilkunde besitzen.

Die Zubereitung der Kräuter

Heilpflanzen können auf verschiedene Art und Weise zubereitet werden. Auch die richtige Zubereitung entscheidet darüber, ob die Behandlung von Erfolg gekrönt ist.

Der Kräutertee
Die Heilpflanze als Kräutertee zubereitet, ist die verbreitetste und einfachste Form der Anwendung. Wie der Tee zubereitet wird, ist abhängig vom jeweiligen Kraut. Sollen beispielsweise die ätherischen Öle einer Pflanze zur Wirkung kommen, darf sie nicht gekocht, sondern nur überbrüht werden. Andere wie-

derum entfalten ihre Heilkräfte erst, wenn man sie kocht. So unterscheidet man zwischen dem Aufguß, dem Abkochen und dem Kaltauszug. Wenn Sie einen Tee durch Abkochen oder Aufgießen zubereiten, so ist es sinnvoll, gleich die ganze Tagesmenge vorzubereiten und in eine Thermoskanne zu füllen.

Aufguß

Übergießen Sie zwei Teelöffel der zerkleinerten Pflanzenteile mit 1/4 Liter kochendem Wasser und lassen Sie diese 7-10 Minuten in einem zugedeckten Gefäß ziehen. Nach dem Abseihen durch ein Sieb oder Leinentuch wird der warme Tee schluckweise getrunken.

Abkochen

Beim Abkochen werden zwei Teelöffel der Kräuter in kaltes Wasser gelegt, erhitzt und kurz aufgekocht. Danach läßt man den Tee etwa drei Minuten ziehen.

Kaltauszug

Manche Kräuter dürfen nicht erhitzt werden, da sie dadurch ihre Heilwirkung verlieren. Um den Kaltauszug einer Pflanze herzustellen, läßt man sie in der angegebenen Menge in kaltem Wassers 8-12 Stunden ziehen. Nach dem Abseihen kann der so gewonnene Tee leicht auf Trinktemperatur erwärmt werden. Besonders bei Teemischungen, die sich aus Kräutern zusammensetzen, die teils als Kaltauszug und teils als Aufguß zubereitet werden, geht man nach einem speziellen Verfahren vor. Dafür stellen Sie zuerst mit der halben Wassermenge einen Kaltauszug her und seihen diesen ab. Danach übergießen Sie den verbleibenden Kräuterrückstand mit dem restlichen heißen Wasser und seihen ab. Der Kaltauszug und der Aufguß werden vermischt.

Die Kräutertinktur

Eine Kräutertinktur ist ebenfalls ein Auszug, der durch Ansetzen von Kräutern in 40% igem Alkohol, Obstbranntwein oder Korn gewonnen wird. Etwa 200 g Kräuter werden in einem verschließbaren Gefäß mit 1 Liter Alkohol übergossen. Nach Verschließen des Gefäßes wird es an einem dunklen, warmen Platz wenigstens zehn Tage, besser ein paar Wochen, gelagert, wobei es jeden Tag einmal gut durchgeschüttelt werden sollte. Nach dem Abseihen füllt man die gewonnene Tinktur in eine Flasche. Sie ist sehr lange haltbar und kann innerlich und äußerlich in Form von Einreibungen oder Wickeln verwendet werden.

Der Kräutersaft
Aus frischen Kräutern kann auch Kräutersaft zubereitet werden, indem Sie die Kräuter zerkleinern und anschließend die Flüssigkeit mit Hilfe eines Entsafters oder einer Fruchtpresse gewinnen. Im Kühlschrank aufbewahrt sind die Säfte eine Zeitlang haltbar.

Das Kräuteröl
Kräuteröle werden für äußerliche Anwendungen, z.B. Einreibungen, verwendet. Um das Kräuteröl zu gewinnen, setzen Sie einen Teil Kräuter in fünf Teilen Öl an. Verwendet werden können Weizenkeim-, Soja-, Oliven-, Mandel oder Erdnußöl. Das Öl wird einige Wochen an einem dunklen, nicht zu warmen Platz gelagert, bis Sie es abseihen und anwenden können.

Die Kräutersalbe
Salben werden Sie in der Regel als Fertigprodukte in der Apotheke kaufen. Soll die Salbe selbst hergestellt werden, vermischen Sie einen Teil der Kräutertinktur (auch in der Apotheke erhältlich) mit zehn Teilen Vaseline, Wollfett oder Schweinefett.

Der Kräuterumschlag
Die Kräuter werden in ein Sieb, das über einem Topf mit kochendem Wasser aufgehängt wird, gelegt und abgedeckt. Wenn die Kräuter aufgeweicht und warm sind, wickeln Sie sie in ein Leinentuch, das auf die erkrankte Stelle gelegt und mit weiteren Tüchern fixiert wird. Der Umschlag sollte wenigstens 1 1/2 Stunden einwirken.

Das Kräuterbad
Für ein Vollbad setzen Sie 200 g Kräuter in 10 Liter Wasser über Nacht an oder kochen sie kurz mit 2 Liter Wasser auf und

lassen die Essenz 30 Minuten ziehen. Danach wird das Ganze erwärmt, abgeseiht und dem Badewasser zugesetzt. Nach dem etwa halbstündigen Bad trocknen Sie sich nicht ab, sondern halten sich in einem Bademantel so lange warm, bis Sie völlig trocken sind.

Das Sammeln der Kräuter

Beim Sammeln der Kräuter sollten Sie unbedingt den richtigen Zeitpunkt abwarten, denn dann, so sagen die alten Mondregeln, entfalten die Pflanzen ihre ganze Heilwirkung. Um der Natur keinen Schaden zuzufügen, sollten Sie nur so viele Kräuter sammeln, wie Sie gerade benötigen, oder, daß Sie mit dem gewonnenen Vorrat gerade über das Jahr kommen.

Der günstigste Zeitpunkt zum Sammeln

- Grundsätzlich empfehlen sich für das Sammeln Schönwettertage.
- *Wurzeln* sollten morgens oder abends gesammelt werden, am besten bei Vollmond oder abnehmendem Mond, weil sie dann kräftiger in ihrer Wirkung sind. Die günstigsten Tierkreiszeichen sind Stier, Steinbock und Jungfrau, also die Erdzeichen.
- *Blätter* sammeln Sie am besten am frühen Morgen, nachdem der Tau getrocknet ist. Die günstigste Mondphase ist der zunehmende Mond in einem Wasserzeichen (Krebs, Skorpion, Fische).
- *Blüten* sammeln Sie vormittags an sonnigen, warmen Tagen, wenn die Pflanze in voller Blüte steht. Der günstigste Zeitpunkt ist der zunehmende Mond im Zeichen von Zwilling, Waage, Wassermann.
- *Samen und Früchte* können ganztägig gesammelt werden, nur nicht in der prallen Mittagshitze. Die Früchte müssen voll gereift sein, um ihre ganze Heilkraft entfalten zu können. Die beste Zeit, um die Blüten zu sammeln, ist der zunehmende Mond im Zeichen des Widder, Löwen oder Schützen.

Trocknen und Lagern

Auf das sorgfältige Trocknen und Lagern der Heilkräuter sollte besonderes Augenmerk gelegt werden, da nur eine sorgfältige Handhabung die Erhaltung der Heilkräfte garantiert.

Trocknen
Zum Trocknen werden die Kräuter auf eine luftdurchlässige Unterlage gestreut. Sie sollten niemals eine luftundurchlässige Folie verwenden. Der günstigste Ort für das Trocknen ist ein dunkler, warmer Raum, mit einer konstanten Temperatur um 25 Grad. Als Alternative, wenn kein solcher Raum zur Verfügung steht, bietet sich der Backofen an, den man einen Spalt offen läßt. Im Handel sind auch spezielle Trocknungsgeräte für diese Zwecke erhältlich. Es darf nur immer eine dünne Schicht des Krautes aufgestreut werden, um ein optimales Durchtrocknen zu gewährleisten. Die Kräuter werden zwischendurch immer wieder gewendet. Sie dürfen niemals im Sonnenlicht getrocknet werden.

Lagern
Die besten Lagergefäße für Kräuter sind dunkle Gläser oder Papiertüten. Die Kräuter dürfen keiner Helligkeit ausgesetzt werden, da sie sonst ihre Wirkung verlieren können.

Der beste Zeitpunkt für die Einlagerung der Kräuter ist der abnehmende Mond.

Was Sie sonst noch tun können

Kapuzinerkresse als Kapernersatz! Die Knospen der Kapuzinerkresse schmecken wie Kapern. Sie müssen nur in Essig, Salzwasser und Öl eingelegt werden.
Fenchel und Kümmel sollten niemals nebeneinander gepflanzt werden. Petersilie schützt vor Stechmücken. Reiben Sie die Petersilie kräftig in die Haut ein.

Kräuter gegen jede Krankheit

Im folgenden ein kleiner Überblick über die häufigsten Beschwerden und die zu ihrer Behandlung anzuwendenden Kräutermischungen. Zubereitungsarten siehe Kapitel »Kräuter«.

Beschwerde	**Kräutermischung**
Akne	Aufguß aus Brennessel, Walnußblättern; drei Tassen täglich
Angina	Aufguß aus Brennessel, Brombeerblättern, Rosenblüten, Veilchen; drei Tassen täglich
Augenbeschwerden	Aufguß aus Augentrost, Fenchel und Kamille, zur Augenwaschung
Besenraiser	Aufguß aus Ringelblume, Arnika, Mistel, Königskerze; drei Tassen täglich
Blähungen	Aufguß aus Kümmel, Fenchel, Kamille, Anis; drei Tassen täglich
Blasenentzündung	Aufguß aus Zinnkraut, Bärentraubenblätter, Gelbe Taubnessel; drei Tassen täglich
Bluterguß	Kompressen mit Arnika, Beinwell
Bronchitis	Aufguß aus Salbei, Thymian, Brennessel, Huflattich; drei Tassen tgl.
Durchfall	Aufguß aus Blutwurz, Eichenrinde und Walnußblättern; drei Tassen täglich
Gallebeschwerden	Aufguß aus Brennessel, Löwenzahn, Schöllkraut, Pfefferminze; drei Tassen täglich
Gelenkbeschwerden	Auflagen mit Arnika, Beinwell
Grippe	Aufguß aus Birkenblätter, Thymian, Veilchen, Spitzwegerich; drei Tassen täglich
Halsschmerzen	Aufguß aus Salbei, Kamille, Schlehendorn; über den Tag verteilt schluckweise trinken

Hämorrhoiden	Aufguß aus Kräutertee: Schafgarbe, Roßkastanienblüten, Eichenrinde; drei Tassen täglich
Hautjucken	Aufguß aus Löwenzahn, Zinnkraut, Brennessel, Odermennig; drei Tassen täglich
Heiserkeit	Aufguß aus Anis, Eukalyptus, Quendel, Salbei; drei Tassen täglich
Husten	Aufguß aus Huflattichblättern, Veilchenwurzel, Süßholzwurzel, Eibischwurzel, mit Honig gesüßt; drei Tassen täglich
Kopfschmerzen	Aufguß aus Melissenblättern, Baldrian, Lavendelblüten, Rosmarin; drei Tassen täglich
Krampfadern	Aufguß aus Ringelblume, Arnika, Mistel, Königskerze; drei Tassen täglich
Leberbeschwerden	Aufguß aus Mariendistel, Johanniskraut, Pfefferminze, Schafgarbe; drei Tassen täglich
Magengeschwür	Aufguß aus Kamille, geriebener Kümmel, Tausendgüldenkraut; drei Tassen täglich
Migräne	Aufguß aus Kamille, Quendel, Schafgarbe, Schlüsselblume; drei Tassen täglich
Nervosität	Aufguß aus Baldrianwurzel, Johanniskraut; drei Tassen täglich
Ohrenschmerzen	Aufguß aus Basilikum, Kamille, Eibisch, Salbei; drei Tassen täglich
Prostatabeschwerden	Aufguß aus Brennessel, Kleinblütiges Weideröschen, Birkenblätter, Ackerschachtelhalm; drei Tassen täglich
Rheuma	Aufguß aus Sumpfporst, Arnikablüten, Wiesengaißbart, Birkenblättern; drei Tassen täglich
Schlaflosigkeit	Aufguß aus Melisse, Orangenblüten, Baldrian, Johanniskraut;

	vor dem Zubettgehen eine Tasse
Schnupfen	Aufguß aus Kamille, Thymian, Salbei, Eukalyptus; drei Tassen täglich
Schuppenflechte	Aufguß aus Kamille, Lavendel, Brennessel, Thymian; drei Tassen täglich
Sehnenscheiden-entzündung	Salbe oder Auflage mit Beinwell
Sodbrennen	Aufguß aus Majoran, Kamille, Minze
Streß	Aufguß aus Baldrianwurzel, Johanniskraut, Passionsblume, Lindenblüten; drei Tassen täglich
Verstopfung	Aufguß aus Sennaschoten, Faulbaumrinde; eine Tasse abends
Verstauchung	Umschläge mit Arnika, Beinwell
Zahnschmerzen	Aufguß aus Arnika, Eichenrinde, Tormentillwurzel; schluckweise über den Tag verteilt trinken
Zuckerkrankheit	Aufguß aus Nelkenwurz, Heidelbeerblättern, Goldenes Fingerkraut, getrocknete Bohnenschalen; drei Tassen täglich

LANDWIRTSCHAFT

Genau wie im Garten beim Pflanzen, bei Aussaat und Ernte sind die Mondregeln auch in der Landwirtschaft gültig. Die Umstellung auf die Mondrhythmen fällt im eignen, kleinen Garten nicht so schwer, wenn man der Natur etwas Zeit läßt, sich auf die neuen Gegebenheiten einzustellen. In der Landwirtschaft ist diese Umstellung natürlich ungleich schwieriger, da die Struktur eines Großbetriebes nicht so leicht umzuorganisieren ist. Trotzdem sollte es jedem Bauern ein Anliegen sein, zugunsten der Natur, des Viehs und der nachfolgenden Generationen, seinen Hof so naturnah wie möglich zu führen. Daß dies funktioniert, beweisen viele Bio-Bauern oder Gemeinschaften von Bio-Bauern, die ihre Höfe naturgemäß führen und ihre Produkte mit Erfolg vertreiben.
Mißtrauen ist oft ein guter Ratgeber, und nur weil hier jemand ein Buch schreibt und die tollsten und wundersamsten Dinge über den Mond erzählt, sollten Sie ihm nicht gleich auf Anhieb Glauben schenken. Aber probieren geht über studieren, und bevor Sie sich lange den Kopf darüber zerbrechen, ob es jetzt wirklich funktioniert oder nicht, ein Vorschlag zur Güte: Probieren Sie die Sache doch einfach einmal im kleinen Bereich aus. Reservieren Sie im Garten eine kleine Fläche, die Sie nach den Mondregeln bepflanzen, hegen und pflegen. Wenn Sie der Sache etwas Zeit geben, bis auch der Boden und die Pflanzen an das neue System gewöhnt sind, werden Sie die Ergebnisse überraschen.

Der Getreideanbau

Zu einer guten Ernte tragen viele Faktoren bei, die nicht immer beeinflußbar sind. Entscheidend sind die Wetterverhältnisse, die Saatgutqualität und die Beschaffenheit des Bodens. Die Arbeit nach den Mondphasen trägt ihren Teil dazu bei, das Beste aus dem Boden zu ziehen, vorausgesetzt, die Ernte wird nicht durch einen der anderen Faktoren ungünstig beeinflußt. Für den Anbau von Getreide gelten dieselben Regeln wie für alle anderen Pflanzen:

Getreide trägt seine Früchte über der Erde, wird also bei zunehmendem Mond in einem Wasserzeichen (Krebs, Skorpion, Fische) gesät. Auch geeignet, wenn auch nicht in genau derselben Qualität, sind die fruchtbaren Zeichen Stier und Waage.

Düngen

Grundsätzliches zu diesem Thema können Sie im Kapitel »Düngen« nachlesen. Bei abnehmendem Mond ist die Erde in der Lage, mehr Flüssigkeit und Nährstoffe aufzunehmen als bei zunehmendem. Die Regel für das Düngen der Anbauflächen lautet also:

Gedüngt werden sollte bei abnehmendem Mond im Zeichen von Krebs, Skorpion oder Fische. Alternativ stehen auch die Erdzeichen zur Verfügung (Jungfrau, Stier, Steinbock).

Ernte und Lagerung

Die Ernte sollte bei abnehmendem Mond in einem Feuerzeichen (Widder, Löwe, Schütze) durchgeführt werden. An diesen »Fruchttagen« steckt die ganze Kraft der Pflanze in den Früchten. Sie sind von besserer Qualität, lassen sich länger lagern und sind weniger anfällig gegen Schimmel- oder Käferbefall.
Gute Tage für das Einlagern des Getreides sind der abnehmende Mond in Stier, Steinbock, Waage und Schütze.

Lagern Sie niemals an Wassertagen ein, die Gefahr des Schimmelbefalls ist besonders hoch.

NAGELPFLEGE

Die Maniküre der Fingernägel sollte in der abnehmenden Mondphase vorgenommen werden. Wenn Sie Ihre Nägel zu dieser Zeit schneiden und feilen, wachsen sie nicht so schnell nach. Zur Behandlung der Nagelhäutchen und der Hornhaut ist ebenfalls der abnehmende Mond sehr günstig. Die Haut ist weniger durchblutet und unempfindlicher gegenüber Schmerzen. Außerdem wächst sie, zu dieser Zeit behandelt, nicht so schnell nach.

Besonders günstig ist die Maniküre, wenn der Mond im Schützen, im Stier, im Krebs oder im Löwen steht.

Was sie sonst noch tun können

Die Kieselsäure ist ein wesentlicher Bestandteil des Getreidehalms, die ihm eine feste, glänzende Hülle verleiht. Um die Nägel zu kräftigen, sollten Sie regelmäßig Kieselerde-Präparate, die Sie in der Aphotheke erhalten, zu sich nehmen.

Oft führt eine falsche und zu intensive Nagelpflege zur Entzündung des Nagelbetts. Hilfreich erweist sich hier ein Verband, der mit dem Absud aus Kamille, Bohnenkraut und zerquetschtem Knoblauch getränkt wird. Übergießen Sie zwei Eßlöffel der Mischung mit 1/2 Liter Wasser und lassen Sie diese zehn Minuten ziehen.

Übrigens: Die beste Zeit für die Kamillenernte ist der zunehmende Mond in einem Luftzeichen (Zwillinge, Waage, Wassermann).

OPERATIONEN

Hippokrates, der Begründer der modernen Medizin, erkannte die Richtigkeit der alten, überlieferten Mondregeln und richtete seine medizinischen Maßnahmen dementsprechend aus. Auch amerikanische Ärzte konnten diese alten Regeln anhand von Statistiken belegen. Die wichtigsten medizinischen Mondregeln lauten:

- Operationen sollten nach Möglichkeit nie an einem Tag durchgeführt werden, an dem der Mond in einem Tierkreiszeichen steht, das den zu operierenden Körperteil beeinflußt.
- Operationen sollten an Tagen, an denen der Vollmond näher rückt, an Vollmondtagen selbst, aber auch bei Neumond unbedingt vermieden werden. Die günstigste Zeit für chirurgische Eingriffe ist der abnehmende Mond.

Um sich an diese Regeln halten zu können und einen Operationstermin zum richtigen Zeitpunkt wahrzunehmen, ist es notwendig, einen Arzt des Vertrauens heranzuziehen, der Ihr Anliegen zumindest akzeptiert. Sie werden in den wenigsten Fällen jemanden finden, der viel Verständnis für solchen »Hokuspokus« aufbringt oder gar selbst nach den Mondregeln behandelt. Wenn es Ihnen unangenehm ist, sich mit dem operierenden Arzt auseinanderzusetzen oder Sie von vornherein merken, daß Sie auf wenig Akzeptanz stoßen, versuchen Sie, mit kleinen Notlügen oder viel Überzeugungskunst den Arzt zum richtigen Termin zu bewegen.

PFLANZENNACHBARN

Das Gedeihen Ihrer Pflanzen ist in hohem Maße von den nachbarschaftlichen Verhältnissen abhängig. Nicht zusammenpassende Pflanzen behindern sich gegenseitig in ihrem Wachstum und fördern das Eindringen von Schädlingen. Hier ein Überblick über die gängigsten Pflanzengemeinschaften.

Was gut zusammenpaßt

Kartoffeln:	Spinat, Bohnen, Dill, Kohlrabi, Kohl
Gurken:	Bohnen, Zwiebeln, Sellerie, Kohl, Kopfsalat, Petersilie, Kohlrabi, Rote Rüben
Sellerie:	Spinat, Bohnen, Tomaten, Lauch, Gurken, Kohl
Kopfsalat:	Tomaten, Zwiebeln, Bohnen, Dill, Erbsen, Gurken, Kohl, Lauch, Erdbeeren, Karotten, Radieschen
Tomaten:	Spinat, Zwiebeln, Kohl, Kopfsalat, Bohnen, Karotten, Sellerie, Petersilie, Kohlrabi, Lauch, Spargel
Petersilie:	Zwiebeln, Gurken, Radieschen, Tomaten
Spinat:	Tomaten, Erdbeeren, Bohnen, Karotten, Kartoffeln, Kohl
Zwiebeln:	Tomaten, Gurken, Kopfsalat, Kohlrabi, Erdbeeren, Petersilie, Rote Rüben
Erdbeeren:	Lauch, Kohl, Radieschen, Kopfsalat, Spinat, Karotten, Zwiebeln
Karotten:	Spinat, Tomaten, Kopfsalat, Erdbeeren, Zwiebeln
Kohlrabi:	Gurken, Kartoffeln, Sellerie, Tomaten, Spinat, Zwiebeln
Kohl:	Gurken, Sellerie, Tomaten, Spinat, Kopfsalat, Erdbeeren, Kartoffeln

Bohnen:	Sellerie, Gurken, Tomaten, Spinat, Kopfsalat
Radieschen:	Petersilie, Tomaten, Salat, Erdbeeren, Erbsen
Aubergine:	Bohnen
Dill:	Karotten, Kohl, Kopfsalat
Fenchel:	Blumen, Kräuter
Knoblauch:	Rosen, Erdbeeren
Kürbis:	Mais
Lauch:	Karotten, Sellerie, Tomaten
Mais:	Bohnen, Kürbis, Karotten, Erbsen, Kartoffeln
Schnittlauch:	Karotten
Zucchini:	Bohnen, Zwiebeln

Was überhaupt nicht zusammenpaßt

Zwiebeln :	Bohnen, Erbsen, Kartoffeln, Kohl, Karotten
Bohnen:	Zwiebeln, Erbsen
Fenchel:	Nahezu alles außer Blumen und Kräutern
Gurken:	Kartoffeln, Kräuter
Kartoffeln:	Sonnenblumen, Sellerie
Kohl:	Erdbeeren, Tomaten
Kürbis:	Kartoffeln
Lauch:	Bohnen, Erbsen
Mais:	Sellerie
Salat:	Petersilie
Schnittlauch:	Bohnen
Karotten:	Zwiebeln
Tomaten:	Blaukraut, Erbsen, Rote Rüben

PUTZEN

Auch beim Putzen alltäglicher Haushalts- und Wohnungsgegenstände gilt es, die richtige Mondphase abzuwarten. Die Reinigung geht leichter von der Hand, wirkt intensiver und länger.

Böden

Kehren sollte man bei zunehmendem Mond.
Für das Wischen warten Sie am besten auf den abnehmenden Mond, der Boden läßt sich leichter reinigen. Außerdem besteht die Gefahr, wenn Sie bei zunehmendem Mond wischen, daß das Wasser in die Ritzen der Parkettböden eindringt und das Holz irgendwann faulen läßt.

Was Sie sonst noch tun können

Um Kunststoffböden einen besonderen Glanz zu verleihen, »polieren« Sie sie nach der Reinigung mit Magermilch. Gießen Sie dazu 1/2 Liter Magermilch in einen Eimer voll Wasser, und schrubben Sie den Boden noch einmal.

Marmorböden werden besonders schön, wenn man sie mit Schlämmkreide und Seifenwasser reinigt.

Teppiche werden wie neu, wenn man sie mit heißem Wasser, dem ein Schuß Terpentin zugesetzt wird, abbürstet.

Möbelpflege

Reinigen Sie Ihre Möbel bei abnehmendem Mond in einem Luftzeichen (Zwillinge, Waage, Wassermann).

Was Sie sonst noch tun können

Um polierte Möbelstücke aufzufrischen, verwenden Sie einen Brei aus Kartoffelmehl und Öl. Danach polieren Sie mit einem weichen Tuch nach.

Eichenmöbel können aufgefrischt werden, indem man sie mit Bier einläßt und danach mit einem Lappen trockenreibt. Ledermöbel lassen sich mit warmer Milch auffrischen. Nach der Behandlung wird das Leder trockengewischt und sehr sparsam mit Leinöl eingerieben.

Stoffbezüge bekommen wieder ein frisches Aussehen, wenn sie mit Wasser, dem ein Schuß Essig zugesetzt ist, gebürstet werden.

Fenster und Glas

Fenster lassen sich am leichtesten bei abnehmendem Mond in einem Luftzeichen (Zwillinge, Waage, Wassermann) reinigen. In diesen Tagen gelingt es fast immer, die Fenster, unter Verwendung von Wasser mit etwas Spiritus gemischt, schlierenfrei zu reinigen.

Was Sie sonst noch tun können

Ihre Fenster putzen Sie am besten an feuchten, verregneten Tagen, da sich an heißenTagen viel eher Schlieren bilden. Glastischplatten reinigen Sie mit Zitronensaft und polieren mit einem sauberen Tuch nach. Das Glas spiegelt wie neu.

Metalle

Gerade beim Putzen von Metallen erhält man oft sehr unterschiedliche Ergebnisse. Manchmal werden sie wie von alleine sauber und glänzend. Ein anderes Mal geht man mit den schärfsten Mitteln ran, ohne das gewünschte Ergebnis zu erzielen. Auch Metalle werden zum abnehmenden Mond geputzt.

Was Sie sonst noch tun können

Messing: Rühren Sie Mehl und Salz zu gleichen Teilen mit etwas Essig zu einem Brei an. Tragen Sie das Mittel auf und lassen Sie es kurze Zeit einwirken. Danach waschen Sie es ab und reiben das Messing trocken.
Silber: Geben Sie etwas verdünnten Salmiakgeist auf einen Lappen und putzen Sie damit das Silber. Anschließend wird mit Kreide nachpoliert. Ähnliches bewirkt auch das Putzen des Silbers mit Zahnbürste und Zahnpasta. Danach wird poliert.
Kupfer: Rühren Sie etwas Salz in heißen Essig ein. Tränken Sie den Putzlappen mit dem Mittel. Auch das Abreiben mit einem in Salmiakgeist getränkten Lappen (danach abpolieren) bewirkt ein schönes Aussehen.
Aluminiumtöpfe werden wie neu, wenn man Rhabarber darin kocht.
Verchromtes Metall: Um verchromtes Metall wieder auf Vordermann zu bringen, reinigen Sie es mit Petroleum oder Zitronensaft und polieren es danach ab.

Schuhe

Schuhe bleiben besonders sauber und haltbar, wenn sie zu abnehmendem Mond geputzt werden. Wenn Sie neue Schuhe bei abnehmendem Mond imprägnieren, halten sie sehr viel länger.

Was Sie sonst noch tun können

Damit Leder schön gepflegt aussieht, reiben Sie es regelmäßig mit einer Mischung aus Essig und Leinöl (1:2) ein. Stark verschmutzte Lederschuhe säubern Sie am besten mit Sattelseife.

Schimmel

Wenn keine baulichen Gegebenheiten Schuld an der Schimmelbildung sind, trägt meist falsches oder zu weniges Durchlüften die Schuld.

Schimmel bekämpft man erfolgreich bei abnehmendem Mond mit etwas Essigwasser, das auf die befallenen Stellen aufgetragen wird.

Durchlüften

Das regelmäßige Durchlüften der Zimmer ist für ein gutes Raumklima notwendig. Besonders in Neubauten mit dicht schließenden Fenstern sollte öfter gelüftet werden. Außerdem wird die Gefahr des Schimmelbefalls durch das regelmäßige Lüften vermindert.
An Lufttagen kann ausgiebig gelüftet werden. An Wassertagen sollten Sie nur kurz und stoßweise lüften.

Betten lüften

Das regelmäßige Lüften der Bettwäsche verhindert die Bildung von Brutstätten für Bakterien und Kleintiere, die sich in feuchtem Klima besonders wohl fühlen. Achten Sie darauf, daß Sie die Bettwäsche nach dem Lüften trocken hereinholen. Zu diesem Zweck ist es auch am sinnvollsten, die Bettwäsche bei abnehmendem Mond in einem Luft- oder Feuerzeichen zu lüften.

Matratzen lüften

Bei Matratzen ist die Gefahr der Bakterien- und Ungezieferansammlung besonders hoch. Sie werden jährlich von vielen Litern Schweiß durchsetzt und speichern in ihrem Inneren dementsprechend Feuchtigkeit. Oft kommt es dadurch in der Matratze zu Schimmelbildung. Matratzen sollten regelmäßig ausgelüftet werden.

Der beste Termin hierfür ist der abnehmende Mond in einem Luft- oder Feuerzeichen. Das Lüften bei zunehmendem Mond in einem Wasserzeichen sollte möglichst vermieden werden, da Feuchtigkeit besonders gut aufgenommen wird.

Frühjahrsputz

Für den Frühjahrsputz sollte man den abnehmenden Mond abwarten. Als besonders günstig erweisen sich immer wieder Tage in einem Luftzeichen (Zwillinge, Waage, Wassermann).

Die Reinigungsarbeiten gehen viel leichter von der Hand und halten länger vor.

Sommer- und Winterkleidung

Um sich vor Motten zu schützen, ist es ratsam, die Sommerbzw. Winterkleidung bei abnehmendem Mond in einem Luftzeichen (Zwillinge, Waage, Wassermann) in den Schrank zu hängen.

SÄEN UND PFLANZEN

Beim Säen von Samen sollte man auf alle Fälle warten, bis die Wetterbedingungen passen und der Winter endgültig aus dem Land gezogen ist. Der Boden sollte trocken und warm sein. Sie sollten wirklich ausharren, bis keine Nachtfröste mehr zu erwarten sind. Erfahrungswerte zeigen, daß das frühzeitige Säen nicht den gewünschten Erfolg bringt. Die Pflanzen reagieren und wachsen schneller, wenn man sie in trockenen, warmen Boden setzt und holen die früher gesäten Pflanzen meist wieder ein. Man darf an dieser Stelle nicht unerwähnt lassen, daß es natürlich unter der Vielzahl von Pflanzen empfindlichere und weniger empfindliche gibt, die sogar etwas Frost vertragen und schon zwischen März und April gesät werden dürfen.
Der trockene, warme Boden sollte einen Tag vor der Aussaat gründlich gegossen werden. Die Methode der Aussaat bleibt Ihnen überlassen. Sie können die Samen einzeln in Furchen oder in Reihen setzen oder auch über die Fläche verstreuen. Das Ziehen von Furchen hat den Vorteil, daß alle Samen in der gleichen Tiefe liegen. Die Furchen sollten dabei etwa 1-3 cm tief sein. Die Samenkörner werden ungefähr alle 15 cm gesetzt, um genügend Luft für die anwachsenden Pflanzen zu lassen. Nach dem Säen wird der Samen mit der Erde locker bedeckt und vorsichtig angedrückt. Wenn Sie zu dicht säen, nehmen sich die Pflanzen gegenseitig Luft weg und müssen ausgedünnt werden. Dabei ziehen Sie die kleineren, schwächeren Pflanzen aus dem Boden und können sie an anderen freien Flächen neu einsetzen.

Beetpflege

Das Beet sollte im Frühjahr vor dem Aussäen oder Pflanzen dreimal umgegraben werden. Das erste Mal graben Sie das Beet bei zunehmendem Mond im Zeichen des Löwen um. Das zweite Mal bei abnehmendem Mond im Zeichen des Steinbocks. Das dritte Mal sollten Sie nur darauf achten, daß der Mond abnehmend ist.

Einige Tips zur Anpflanzung

Bei der Planung des Gartens sollte man einige grundlegende Regeln beachten, was die Pflanzenfolge und die Gemeinschaft der Pflanzen anbelangt.

Pflanzenfolge
Sie sollten jährlich einen Wechsel zwischen oberirdischen und unterirdischen Gemüsesorten vornehmen.

Pflanzennachbarn
Grundsätzlich ist es am günstigsten, Pflanzen mit flachen Wurzeln neben Pflanzen mit tiefgreifenden Wurzeln zu setzen. Aufgrund der verschiedenen Erntezeiten haben die einzelnen Pflanzen genügend Platz, um nebeneinander zu gedeihen.
Bei der Auswahl der Pflanzennachbarn in Ihrem Beet sollten Sie sehr sorgfältig vorgehen. Es gibt Pflanzen, die sehr gut zueinander passen, und dann wiederum Pflanzen, die sich überhaupt nicht vertragen; auch wenn es unglaubwürdig klingt, es ist so. Zum einen können nicht passende Pflanzennachbarn sich gegenseitig im Wachstum behindern, zum anderen fördern solche Konstellationen den Schädlingsbefall. Einen Überblick über die günstigsten Pflanzengemeinschaften verschafft Ihnen die Tabelle im Kapitel »Pflanzennachbarn«.

Säen und Pflanzen zu den Mondphasen

Zusätzlich zu den besprochenen Regeln ist es nun auch wichtig, die richtige Mondphase für das Säen, Setzen oder Pflanzen zu wählen, damit Ihre Pflanzen optimal gedeihen. Dazu noch einmal die wichtigsten Grundregeln.

Pflanzen, die oberirdisch wachsen und gedeihen, werden bei zunehmendem Mond gepflanzt oder gesät.
Pflanzen, die unterirdisch wachsen und gedeihen, werden bei abnehmendem Mond gesät oder gepflanzt.

Zwischen Pflanz-, Setz- und Saattermin wird hierbei kein Unterschied gemacht. Bauern, die schon lange nach den Mondregeln arbeiten, sagen beispielsweise, daß Pflanzen-Setzlinge, die sie kaufen und zum richtigen Zeitpunkt einsetzen, nur dann richtig gedeihen, wenn die Aussaat der Setzlinge selbst zum richtigen Zeitpunkt erfolgt ist.

Säen und Pflanzen in den Tierkreiszeichen

Wie die Mondphasen üben auch die Tierkreiszeichen, in denen der Mond steht, ihren speziellen Einfluß auf die Pflanzenwelt aus.
So lassen sich für die Aussaat folgende grundlegende Regeln festlegen:
Krebs, Skorpion und Fische sind die Tierkreiszeichen, die die Aussaat und das Setzen von Pflanzen begünstigen.
Stier, Steinbock und Waage sind alternative Tierkreiszeichen, die für das Pflanzen und Säen genutzt werden können, auch wenn sie nicht ganz so gut einwirken.
Jungfrau, Schütze sind ungünstige Tierkreiszeichen, die nur in Ausnahmefällen zur Aussaat und Pflanzung herangezogen werden.
Widder, Zwillinge, Löwe, Wassermann sind für das Pflanzen und Säen ungeeignet.

Grundsätzlich sollten Sie beim Säen und Pflanzen das Tierkreiszeichen in Kombination mit der richtigen Mondphase abwarten. Wenn dies aus irgendwelchen Gründen nicht möglich sein sollte, ist es auf alle Fälle günstiger, ein schlechtes Tierkreiszeichen zu wählen und sich auf die Phase des Mondes zu konzentrieren.

Was Sie sonst noch tun können

Legen Sie die Saatfurchen in Nord-Süd-Richtung an. Die Pflanzen erhalten mehr Sonne und gedeihen besser.

Karotten gehören zur Familie der Frostkeimer. Sie können den Samen auf dem Schnee ausstreuen. Mit der Schneeschmelze verschwindet der Samen in der Erde.

Um schön geformte und gerade Karotten zu ernten, siebt man die Erde aus und versetzt sie mit Sand. Karotten haben nämlich die Eigenschaft, um Hindernisse herumzuwachsen.

SCHÄDLINGE

Jeder ist bestrebt, seine Pflanzen in Garten und Feld optimal gedeihen zu sehen. Nichts wird mehr gefürchtet als der Schädlingsbefall. Erfahrene Bio-Bauern und -Gärtner sind einhellig der Überzeugung, daß sich Schädlinge nur dann ausbreiten, wenn die ökologischen Voraussetzungen dafür gegeben sind. Wird der Garten in richtiger Weise nach ökologischen Gesichtspunkten angelegt und gepflegt, ist das Risiko eines Schädlingsbefalls relativ gering. Manche tolerieren sogar, vielleicht mit einem weinenden Auge, den einen oder anderen Eindringling in der Überzeugung, daß so mancher Schädling durchaus ein Nützling sein kann, wenn auch nicht unbedingt für die Pflanzen, sondern eher für das ökologische Gleichgewicht im Garten.

Wenn der Garten von Schädlingen heimgesucht wird, ist es für den verantwortungsvollen Gärtner oberstes Gebot, zuerst nach den möglichen Gründen zu forschen, bevor er mit der chemischen Keule zuschlägt und mehr Unheil als Nutzen anrichtet. Für den Schädlingsbefall können verschiedenste Ursachen verantwortlich sein:

- Dem Boden fehlen Nährstoffe oder er beinhaltet zu viele.
- Bei der Pflanzung wurden Fehler gemacht, die benachbarten Pflanzen vertragen sich nicht.
- Der Boden ist ungeeignet oder die Lichtverhältnisse stimmen nicht. Vorbeugende Maßnahmen sind in jedem Fall wichtig, um die Möglichkeit eines Schädlingsbefalls zu minimieren, obwohl er auch dadurch nie ausgeschlossen werden kann.
- Das Pflegen und Gießen der Pflanzen unter günstigen Tierkreiszeichen kann das Aufkommen von Schädlingen verhindern. Wie bereits besprochen, sollte das Gießen der Pflanzen an Blattagen geschehen, also an Tagen, in denen der Mond in einem Wasserzeichen steht (Krebs, Skorpion, Fische). Das Gießen zu Blütentagen (Zwillinge, Waage, Wassermann) kann wesentlich zum Aufkommen von Ungeziefer beitragen.

- Auch das Säen und Pflanzen zum richtigen Zeitpunkt ist ein ausschlaggebender Faktor, um Schädlinge in Ihrem Beet zu vermeiden.
- Achten Sie darauf, daß Sie die Fruchtfolge beachten, das heißt jährlich zwischen oberirdisch und unterirdisch wachsendem Gemüse wechseln.
- Auch sollte die richtige Pflanzennachbarschaft gewahrt werden, um das optimale Gedeihen der Pflanzen zu gewährleisten und um Schädlinge vorzubeugen.

Schädlingsbekämpfung

Trotz aller vorbeugenden Maßnahmen und optimalen Randbedingungen können sich Schädlinge in Garten und Feld breitmachen. Hier helfen dann nur noch Schädlingsbekämpfungsmittel auf natürlicher oder chemischer Basis. Chemische Spritzmittel sollten nur in unabwendbaren Notsituationen eingesetzt werden, da sie zwar die Insekten gründlich vernichten, aber auch entsprechende Schäden in der Natur anrichten. Wenn schon Spritzmittel, dann sollten Sie Präparate auf Pryrethrum-Basis verwenden. Sie wirken optimal, ohne zu viel Schaden anzurichten. Der richtige Zeitpunkt für einen solchen Einsatz wäre der abnehmende Mond im Zeichen von Widder, Jungfrau, Löwe, Zwillinge oder Wassermann.
Ein natürliches Mittel zur Schädlingsbekämpfung hat sich aus der Idee der Homöopathie entwickelt. Dafür werden die Schädlinge eingesammelt, die sich über Ihre Pflanzen hermachen, fein zerstoßen und mit 1 Liter Wasser vermischt. Nachdem Sie die Mischung kräftig durchgeschüttelt haben, seihen Sie die Überreste ab. Geben Sie nun ein paar Löffel der Flüssigkeit in eine Sprühflasche, füllen Sie diese mit Wasser auf und besprühen Sie damit Ihre Pflanzen.
Eine andere Möglichkeit der natürlichen Schädlingsbekämpfung sind spezielle Kräutermischungen. Setzen Sie dazu eine Handvoll der Kräutermischung in 1 Liter kaltem Wasser an und lassen Sie die Essenz einen Tag ziehen. Nach dem Abseihen besprühen Sie damit die Pflanzen.

Gut wirken soll auch der Auszug der jeweiligen Pflanze. Dazu werden zwei Handvoll der Pflanze in 10 Liter kaltem Wasser, vor Vollmond, angesetzt. Nach 24 Stunden des Ruhens wird abgeseiht und die Erde um den Stamm mit dem Absud gegossen. Alle möglichen und unmöglichen Mittel für die Schädlingsbekämpfung aufzuzählen, ist hier nicht möglich, aber die folgende Tabelle gibt Ihnen einen kleinen Überblick über die gängigsten Anwendungen.

Ameisen	Feldsalat, tote Fische vergraben; Auszug aus Lavendel
Blattläuse	Marienkäfer; Auszug aus Kapuzinerkresse oder Brennessel
Blattwespen	Auszug aus Rainfarn
Erdflöhe	Knoblauch, Zwiebeln; Auszug aus Holunder, Wermut und Pfefferminze
Kohlweißlinge	Tomaten und Tomatenblätter in 2 Liter Wasser aufkochen, ziehen lassen und zur Zeit der Kohlweißlinge über den Kohl gießen; Auszug aus Pfefferminze, Salbei, Thymian
Mäuse	Knoblauch ins Beet setzen; Auszug aus Kaiserkrone, Steinklee
Mehltau	Knoblauch; Auszug aus Schnittlauch und Basilikum
Milben	Himbeeren
Möhrenfliege	Vier Zwiebeln in 3 Liter Wasser aufbrühen und über Nacht stehen lassen
Pilzerkrankungen	Auszug aus Schnittlauch und Zinnkraut
Schimmel	Zwiebeln
Schnecken	fein zerriebene Eierschalen (bei abnehmendem Mond zerkleinern) aufstreuen; Holzasche aufstreuen; Sägemehl auf streuen

Wann werden Schädlinge bekämpft?

Die Schädlingsbekämpfung sollte bei abnehmendem Mond stattfinden.
Für Schädlinge, die im Boden leben, ist ein Wurzeltag der günstigste Augenblick, also dann, wenn der Mond in einem Erdzeichen steht (Stier, Jungfrau, Steinbock).
Gegen Schädlinge, die über dem Boden leben, geht man am besten an Zwillinge- und Schützetagen vor.

Was Sie sonst noch tun können

Im Verlauf dieses Kapitels haben Sie bereits einige Methoden zur natürlichen Schädlingsbekämpfung kennengelernt.
Die wohl größte Plage für den gepflegten Rasen sind jedoch die Maulwürfe und Wühlmäuse. Mit aggressiven Mitteln gegen diese Zeitgenossen vorzugehen, ist mir persönlich ein Dorn im Auge. Dann sollen sie doch lieber weitergraben. Denn auch gegen diese »Gartenfeinde« gibt es natürliche Mittel, die sie verscheuchen.

Maulwürfe sind sehr geräuschempfindlich. Um sie zu vertreiben, gräbt man Bierflaschen bis zum Hals in den Boden ein. Der darüberstreichende Wind erzeugt Töne, welche die Maulwürfe als höchst unangenehm empfinden.

Wühlmäuse dagegen sind eher geruchsempfindlich. Um sie zu vertreiben, legen Sie einfach sehr stark riechende Pflanzenteile, z. B. Knoblauchknollen oder Nußbaumblätter, in ihre Gänge. Beide Vertreibungsmethoden führen Sie bei abnehmendem Mond in einem Erdzeichen (Stier, Jungfrau, Steinbock) durch.

Übrigens: Knoblauch wird wie andere unterirdisch tragende Pflanzen bei abnehmendem Mond in Krebs, Skorpion oder Schütze gepflanzt oder gesät.

SCHNITTARBEITEN

Das Beschneiden von Kulturpflanzen ist eine der schwierigsten Arbeiten im Garten. Trotz Erfahrung und Einhaltung aller Regeln kann man vorher nie ganz genau sagen, wie das Ergebnis ausfallen wird. Darum ist selbst der erfahrene Gärtner immer mit etwas Scheu bei der Arbeit.

Der Rasenschnitt

Der Rasen ist das einzige im Garten, das mit Sicherheit ohne Unterlaß wächst und in regelmäßigen Abständen gekürzt werden muß; zum Leidwesen jedes stolzen Rasenbesitzers.

Um das Nachwachsen des Rasens zu verzögern, sollte er bei abnehmendem Mond am besten in einem Feuerzeichen (Widder, Löwe, Schütze) gemäht werden. Günstige Tierkreiszeichen sind auch Jungfrau oder Zwillinge.
Ist der Rasen jung und soll noch kräftig wachsen, mähen Sie ihn bei zunehmendem Mond in einem Wasserzeichen (Krebs, Skorpion, Fische).

Der Obstbaumschnitt

Das falsche Schneiden von Obstbäumen kann mehr schaden als nutzen. Deshalb sollten gute Gründe vorliegen, um diese Arbeit durchzuführen.

- Die Zahl der Früchte nimmt überhand, so daß ein Brechen der Äste befürchtet werden muß.
- Das Geäst ist so dicht, daß zu wenig Licht einfallen kann.
- Krankes Holz muß entfernt werden.
- Der Baum soll Fruchtspieße austreiben.

Der Obstschnitt wird im Februar nach den letzten großen Frösten durchgeführt. Der ideale Zeitpunkt für das Ausschneiden der Bäume und Sträucher ist der abnehmende Mond (am besten ein paar Tage nach Vollmond) im Löwen, Widder, Schützen, Wassermann oder Zwillinge.

Zu diesem Zeitpunkt verkraftet der Baum den Beschnitt am leichtesten, da die Gefahr des Ausblutens geringer ist.

Entfernen Sie krankes Holz am besten so bald als möglich bei abnehmendem Mond, wenn er im Zeichen des Löwen, Widder oder Schützen steht.

Um den jungen Baum zum Wachstum anzuregen, beschneiden Sie all seine Äste um ein Drittel.

Der richtige Zeitpunkt dafür ist das Ende des Winters, bei abnehmendem Mond in einem Wasserzeichen (Krebs, Skorpion, Fische)

Dieser Beschnitt sollte in den ersten vier Jahren regelmäßig wiederholt werden.

Damit der Baum kräftig Fruchtholz austreibt, sollte er kurz nach der Blüte beschnitten werden, und zwar bei abnehmendem Mond in einem Wasserzeichen.

Was Sie sonst noch tun können

Wenn der Obstbaum nicht mehr so recht wachsen will:
Schneiden Sie die Astspitzen des Baumes bei abnehmendem Mond, am besten kurz vor oder bei Neumond.
Wenn der Obstbaum wenig Früchte trägt: Treiben Sie einen großen Nagel in 45 Grad Neigung in den Stamm, dicht am Boden. Der beste Zeitpunkt dafür ist der abnehmende Mond. Viele Obstbauern praktizieren diese Methode mit Erfolg.

Der Rosenschnitt

Um Ihren Rosenstöcken ein schönes Aussehen zu verleihen, müssen sie jedes Jahr geschnitten werden. Sie gedeihen dann besonders gut und tragen viele prächtige Blüten. Zuerst wird das tote Holz ausgeschnitten und alle Triebe, die nach innen wachsen. Dann schneiden Sie die Äste, so daß sie ungefähr alle die gleiche Länge haben.

Der beste Zeitpunkt für den Rosenschnitt ist der abnehmende Mond in einem Luftzeichen (Zwillinge, Waage oder Wassermann).

Der Heckenschnitt

Die Hecken müssen jedes Jahr geschnitten werden, da sie sonst in die Höhe schießen und an Dichte verlieren. Der erste Schnitt sollte aus diesem Grund auch bald nach dem Einpflanzen erfolgen. Für den Schnitt der verschiedenen Heckensorten gelten folgende allgemeine Regeln:

- Immergrüne und grüne Hecken sollten im Frühjahr und am Ende des Sommers geschnitten werden.
- Blühende Hecken, die ihre Blüten vor Ende Juni tragen, schneidet man am besten nach der Blütezeit.
- Blühende Hecken, die nach Ende Juni blühen, sollten nach Möglichkeit im beginnenden Frühjahr zurückgeschnitten werden.

Für den Schnitt der Hecken empfiehlt sich der abnehmende Mond in einem Feuerzeichen (Löwe, Widder, Schütze), wenn die Hecke langsam nachwachsen soll.
Ist die Hecke noch jung, und der Wuchs der Pflanze soll angeregt werden, schneiden Sie die Hecke in einem fruchtbaren Zeichen (Krebs, Skorpion, Fische), wenn der Mond zunehmend ist.

Der Weinrebenschnitt

Weinreben schneidet man am besten bei abnehmendem Mond, im Zeichen des Krebs, Skorpion oder der Fische.

Der günstigste Zeitpunkt für diese Arbeit ist das Frühjahr, bevor die ersten Triebe wachsen.

Was Sie sonst noch tun können

Nach dem Baumschnitt müssen die Schnittstellen geschlossen werden, um das starke Ausbluten und das Eindringen von Schädlingen zu verhindern. Dazu bestreicht man die Sägeflächen mit einem Kalk-Lehm-Gemisch.

Um in wärmeren Wintertagen das Aufsteigen der Säfte in den Bäumen zu verhindern, wird der Baumstamm mit weißem Kalk gestrichen.

Weit ausladende Äste sollten vor dem Winter abgestützt werden, da die Gefahr besteht, daß sie unter zu großer Schneelast abbrechen.

Die Quitte ist sehr genügsam und leicht zu pflegen. Sie braucht keinen Beschnitt und kommt ohne Dünger aus.

Übrigens: Die meisten anderen Pflanzen werden am besten bei abnehmendem Mond in einem Wasserzeichen (Krebs, Skorpion, Fische) gedüngt.

UNKRAUT

Infolge von Monokulturen ermüdet der Boden und wird mit der Zeit unbrauchbar, da jede Pflanze mit Vorliebe bestimmte Nährstoffe vermehrt aus dem Boden zieht. Nicht nur der Boden leidet unter der einseitigen Belastung, auch das Aufkommen von Schädlingen wird größer. Um dem entgegenzuwirken, müssen die Böden nach einiger Zeit nachgedüngt werden. Der Einsatz von Pflanzenschutzmitteln wird unerläßlich. Beobachtungen und Studien haben ergeben, daß verschiedenste Pflanzen, die herkömmlich als Unkraut bezeichnet werden, die einseitige Belastung der Monokulturen ausgleichen und in Symbiose mit den eigentlichen Nutzpflanzen leben.

Doch auch im biologischen Garten keimt das Unkraut, obwohl bei sorgfältiger Gärtnerstätigkeit die optimalen Bodenvoraussetzungen gegeben sind. Um dem Unkraut Herr zu werden und sein Nachwachsen weitgehend zu verhindern, halten Sie sich bei der Unkrautbekämpfung an folgende Regeln:

Unkraut wird immer bei abnehmendem Mond ausgerissen, am besten ein paar Tage nach Vollmond. Begünstigt wird die Unkrautvertilgung, wenn der Mond im Widder, Schützen oder Löwen steht.

VIEHWIRTSCHAFT

Das Vieh und alle Arbeiten rund um den Stall werden vom Mond entscheidend beeinflußt. Seit Jahrtausenden gibt es auch in der Viehwirtschaft Regeln, deren Einhaltung sich günstig auswirkt und an denen man sich orientieren sollte.

Stallpflege

Der beste Zeitpunkt für eine gründliche Stallreinigung (die tägliche Stallpflege läßt sich natürlich nicht auf einen bestimmten Mondtermin verschieben) ist der abnehmende Mond in einem Luftzeichen (Zwillinge, Waage, Wassermann). Der Stall bleibt länger sauber und trocknet schneller. Außerdem ist die Gefahr von Schimmel- oder Ungezieferbefall kleiner.

Viehaustrieb

Damit die Tiere gerne auf der Weide bleiben und nicht nach Hause drängen, sollte der Viehaustrieb zum abnehmenden Mond stattfinden. Austriebe an Löwetagen sollten vermieden werden, da die Tiere oft sehr aggressiv reagieren. An Krebstagen zieht es die Tiere immer wieder nach Hause.

Schlachten

Schlachten Sie Ihr Vieh bei zunehmendem Mond (am besten bei Vollmond). Das Fleisch ist saftiger und aromatischer.

Kälber entwöhnen

Der günstigste Zeitpunkt, Kälber von der Muttermilch zu entwöhnen, ist generell der abnehmende Mond, am besten kurz nach Vollmond.

Tiere gebären

Der zunehmende Mond ist am geeignetesten für die Geburt von Jungtieren. Die gesündesten Kälber kommen von Kühen, die um Neujahr trächtig werden und im Oktober gebären.

Brüten von Eiern

Um gesunde, kräftige Küken auf die Welt zu bringen, ist der zunehmende Mond die beste Brutzeit; optimal, wenn sie bei Vollmond schlüpfen.

Schafe scheren

Die Wolle von Schafen, die bei zunehmendem Mond geboren wurden, ist von ausgezeichneter Qualität.

Tiere kastrieren

Bei abnehmendem Mond sind die Tiere nicht so schmerzempfindlich und überstehen operative Eingriffe leichter. Außerdem heilen die Wunden schneller.

Fischen

Jeder Angler wird bestätigen, daß die Fische bei Vollmond am besten beißen.

WÄSCHE WASCHEN

Es ist sicherlich nicht einfach, beim Waschen der Wäsche ausschließlich den richtigen Mondrhythmus abzuwarten, besonders, wenn Sie eine mehrköpfige Familie haben und sehr viel Wäsche anfällt. Versuchen Sie aber zumindest, den Großteil Ihrer Wäsche in der richtigen Mondphase unterzubringen.

Der beste Zeitpunkt für einen Waschtag ist der abnehmende Mond. Optimal wäre es, ein Wasserzeichen (Krebs, Skorpion, Fische) für diese Arbeit abzuwarten, was zugegebenermaßen nicht immer möglich ist.

Die Wäsche wird sehr sauber und frisch. Außerdem sparen Sie Waschmittel und die Wäsche wird geschont.

Chemische Kleiderreinigung

Nicht jedes Kleidungsstück kann ganz normal gewaschen werden. Manche Stoffe sind sehr empfindlich und verlieren nach dem Waschen ihre Form.
Wenn Sie die chemische Reinigung aufsuchen, sollten Sie den abnehmenden Mond wählen.

Die Kleidung ist zu diesem Zeitpunkt nicht so empfindlich und verträgt die Chemikalien besser.

Was Sie sonst noch tun können

Um vergilbte Wäsche wieder weiß zu bekommen, setzen Sie dem Spülwasser beim letzten Spülgang einen Teelöffel Terpentin und zwei Eßlöffel Spiritus zu.

Obstflecken lassen sich entfernen, indem Sie die Gewebestelle mit Buttermilch einreiben und diese mindestens eine Stunde einwirken lassen. Danach waschen Sie das Kleidungsstück.

Um die Farben Ihrer Stoffe zu erhalten und ihnen ein neues, leuchtendes Aussehen zu verleihen, spülen Sie die Wäsche mit Essigwasser vor (zwei Eßlöffel auf 10 Liter Wasser).

Um der Kleidung einen frischen angenehmen Duft zu verleihen, legen Sie ein Leinensäckchen, gefüllt mit frischen Lavendelblüten, in den Kleiderschrank.

Übrigens: Um besonders duftende, frische Lavendelblüten zu ernten, sollten Sie den zunehmenden Mond im Zeichen von Zwillinge, Waage, Wassermann abwarten. Die günstigste Tageszeit ist der frühe Vormittag an einem schönen, warmen Tag.

WEGE, ZÄUNE, WASSERLÄUFE

Wie bereits besprochen wurde, nimmt die Erde bei abnehmendem Mond viel mehr Wasser auf als bei zunehmendem. Dadurch verändert sich der Bodenzustand je nach Mondphase. Bei abnehmendem Mond ist er weicher und läßt sich leichter durchdringen, bei zunehmendem Mond dagegen hart und undurchdringlich.
Anhand der Wirkung der Mondphasen auf den Boden lassen sich für die Arbeiten an Wegen, Zäunen und Wasserläufen folgende Regeln aufstellen:

Wege

Feldstraßen sollten bei abnehmendem Mond angelegt werden. Der Boden kann zu dieser Zeit den aufgeschütteten Kies besser halten, und die Gefahr des Auswaschens ist wesentlich geringer.
Das Anlegen von Steinplattenwegen sollte ebenfalls bei abnehmendem Mond erledigt werden. Die Platten fügen sich besser in das Erdreich ein und werden weniger schnell wackelig.

Wasser

Uferschutzbebauungen, das Setzen von Steinen oder Pflanzen, sollte bei zunehmendem Mond in einem Wasserzeichen (Krebs, Skorpion, Fische) durchgeführt werden.
Abwasser- und Drainagearbeiten sollten ebenfalls bei zunehmendem Mond, am besten in einem Wasserzeichen, erledigt werden.
Das Fassen einer Quelle ist bei zunehmendem Mond günstig, da das Wasser nicht verschwindet und sich keine neuen Wege sucht.

Zäune

Für das Setzen von Gartenzaunpfosten eignet sich am besten der abnehmende Mond in einem Erdzeichen (Stier, Jungfrau, Steinbock). Die Pfosten festigen sich im Erdreich und faulen nicht.

ZAHNBEHANDLUNG

Zahnbehandlungen und Operationen sollten nach dem Mond terminiert werden, um Komplikationen weitgehend zu vermeiden.

Plombieren
Füllungen halten besser, wenn sie bei abnehmendem Mond in Stier, Löwe, Skorpion oder Wassermann gelegt wurden.

Operative Behandlungen
Operative Behandlungen sollten ausschließlich bei abnehmendem Mond durchgeführt werden (am günstigsten in Zwillinge und Jungfrau). Die Wunden bluten nicht so heftig und heilen schneller. Die Schmerzen nach der Behandlung sind geringer. Im zunehmenden Mond oder wenn der Mond im Stier steht, sollten Sie eine Operation im Kieferbereich vermeiden.

Was Sie sonst noch tun können

Bei Zahnschmerzen sind Gewürznelken altbewährt, die direkt auf den schmerzenden Zahn gelegt oder besser noch in das Zahnloch gesteckt werden. Die Gewürznelken sollen jede Stunde erneuert werden. Statt dessen können Sie sich Nelkenöl aus der Apotheke besorgen und damit den schmerzenden Zahn stündlich einreiben. Mit dem Öl kann auch ein Wattebäuschchen getränkt werden, das in das Zahnloch gesteckt wird.
Bei Zahnfleischbluten empfehlen sich Kräutersäckchen mit Arnika und Kamille. Füllen Sie die Mischung in ein Stoffsäckchen und lassen Sie es in heißem Wasser zehn Minuten ziehen. Legen Sie das es direkt auf die schmerzende Zahnstelle.

Übrigens: Kamillenblüten ernten Sie am besten bei zunehmendem Mond in Zwillinge, Waage oder Wassermann.

STICHWORTVERZEICHNIS

Zeichenerklärung

Tätigkeiten

■ Ernte

● Aussaat, Pflanzung

💧 Gießen, Düngen

★ Unkraut, Rasenmähen

↑ Haare schneiden (langes, volles, schnell wachsendes Haar)

↓ Haare schneiden (kurzes , langsam wachsendes Haar)

Φ Dauerwelle

Mondphasen

 Vollmond

 Neumond

 Abnehmender Mond

 Zunehmender Mond

JANUAR-1996

Tag	Datum	Tierkreiszeichen	Mondphase	Tätigkeit
M	1	♉		●
D	2	♉		●
M	3	♊		↑
D	4	♊		
F	5	♋	🌕 21.50	●💧
S	6	♋		●💧
S	7	♋		●💧
M	8	♌		■★↑
D	9	♌		■★↑
M	10	♍		■↑Φ
D	11	♍		■↑Φ
F	12	♍		■↑Φ
S	13	♎	☾	●
S	14	♎		●
M	15	♏		●💧
D	16	♏		●💧
M	17	♐		■★
D	18	♐		■★
F	19	♑		●■↓
S	20	♑	🌑 13.51	●
S	21	♒		↑Φ
M	22	♒		↑Φ
D	23	♓		●
M	24	♓		●
D	25	♈		
F	26	♈		
S	27	♉	☽	●
S	28	♉		●
M	29	♉		●
D	30	♊		
M	31	♊		

FEBRUAR-1996

Tag	Datum	Tierkreiszeichen	Mondphase	Tätigkeit
D	1	♋		●
F	2	♋		●↑
S	3	♋		●
S	4	♌	🌕 16.57	■★↑
M	5	♌		■★↑
D	6	♍		■↑Φ
M	7	♍		■↑Φ
D	8	♍		■↑Φ
F	9	♎		●
S	10	♎		●
S	11	♏		●💧
M	12	♏	☾	●💧
D	13	♐		■★
M	14	♐		■★
D	15	♑		●■↓
F	16	♑		●■↓
S	17	♒		■↑Φ
S	18	♒		■↑Φ
M	19	♒	🌑 00.28	↑Φ
D	20	♓		●
M	21	♓		●↑
D	22	♈		
F	23	♈		
S	24	♉		●
S	25	♉		●
M	26	♊	☽	
D	27	♊		
M	28	♊		
D	29	♋		●

MÄRZ-1996

Tag	Datum	Tierkreiszeichen	Mondphase	Tätigkeit
F	1	♋		●
S	2	♌		↑
S	3	♌		↑
M	4	♌		↑
D	5	♍	🌕 10.18	■↑Φ
M	6	♍		■↑Φ
D	7	♎		●
F	8	♎		●
S	9	♏		●💧
S	10	♏		●💧
M	11	♏		●💧
D	12	♐	☾	■★
M	13	♐		■★
D	14	♑		●■↓
F	15	♑		●■↓
S	16	♒		■↑Φ
S	17	♒		■↑Φ
M	18	♓		●💧
D	19	♓	🌑 11.48	●
M	20	♈		
D	21	♈		↑
F	22	♉		●
S	23	♉		●
S	24	♉		●
M	25	♊		
D	26	♊		
M	27	♋	☽	●
D	28	♋		●
F	29	♋		●
S	30	♌		↑
S	31	♌		↑

APRIL-1996					MAI-1996					JUNI-1996				
Tag	Datum	Tierkreiszeichen	Mondphase	Tätigkeit	Tag	Datum	Tierkreiszeichen	Mondphase	Tätigkeit	Tag	Datum	Tierkreiszeichen	Mondphase	Tätigkeit
M	1	♍		↑Φ	M	1	♎		●↑	S	1	♏	🌕 21.46	●💧
D	2	♍		↑Φ	D	2	♎		●↑	S	2	♐		■★
M	3	♎		●	F	3	♏	🌕 12.45	●💧	M	3	♐		■★
D	4	♎	🌕 01.05	●	S	4	♏		●💧	D	4	♑		●■↓
F	5	♎		●	S	5	♐		■★	M	5	♑		●■↓
S	6	♏		●💧	M	6	♐		■★	D	6	♒		■↑Φ
S	7	♏		●💧	D	7	♑		●■↓	F	7	♒		■↑Φ
M	8	♐		■★	M	8	♑		●■↓	S	8	♓	☾	●💧
D	9	♐		■★	D	9	♒		■↑Φ	S	9	♓		●💧
M	10	♑		●■↓	F	10	♒	☾	■↑Φ	M	10	♈		■★
D	11	♑	☾	●■↓	S	11	♓		●💧	D	11	♈		■★
F	12	♒		■↑Φ	S	12	♓		●💧	M	12	♉		●■
S	13	♒		■↑Φ	M	13	♓		●💧	D	13	♉		●■
S	14	♓		●💧	D	14	♈		■★	F	14	♉		●■
M	15	♓		●💧	M	15	♈		■★	S	15	♊		■↓
D	16	♈		■★	D	16	♉		●■	S	16	♊	🌑 02.37	
M	17	♈	🌑 23.50		F	17	♉	🌑 12.48	●	M	17	♋		●
D	18	♈			S	18	♊			D	18	♋		●↑
F	19	♉		●↑	S	19	♊		↑	M	19	♌		↑
S	20	♉		●	M	20	♊			D	20	♌		↑
S	21	♊			D	21	♋		●	F	21	♌		↑
M	22	♊			M	22	♋		●	S	22	♍		↑Φ
D	23	♋		●	D	23	♌		↑	S	23	♍		↑Φ
M	24	♋		●	F	24	♌		↑	M	24	♎	☽	●
D	25	♋	☽	●	S	25	♌	☽	↑	D	25	♎		●
F	26	♌		↑	S	26	♍		↑Φ	M	26	♎		●
S	27	♌		↑	M	27	♍		↑Φ	D	27	♏		●
S	28	♍		↑Φ	D	28	♎		●	F	28	♏		●
M	29	♍		↑Φ	M	29	♎		●	S	29	♐		↑
D	30	♍		↑Φ	D	30	♏		●↑	S	30	♐		
					F	31	♏		●					

JULI-1996					AUGUST-1996					SEPTEMBER-1996				
Tag	Datum	Tierkreiszeichen	Mondphase	Tätigkeit	Tag	Datum	Tierkreiszeichen	Mondphase	Tätigkeit	Tag	Datum	Tierkreiszeichen	Mondphase	Tätigkeit
M	1	♑	○ 04.56	●■↓	D	1	♓		●💧	S	1	♈		■★
D	2	♑		●■↓	F	2	♓		●💧	M	2	♉		●■
M	3	♒		■↑Φ	S	3	♈		■★	D	3	♉		●■
D	4	♒		■↑Φ	S	4	♈		■★	M	4	♊	☾	■↓
F	5	♓		●💧	M	5	♈		■★	D	5	♊		■↓
S	6	♓		●💧	D	6	♉	☾	●■	F	6	♊		■↓
S	7	♈	☾	■★	M	7	♉		●■	S	7	♋		●💧
M	8	♈		■★	D	8	♊		■↓	S	8	♋		●💧
D	9	♉		●■	F	9	♊		■↓	M	9	♌		■★↑
M	10	♉		●■	S	10	♋		●💧	D	10	♌		■★↑
D	11	♉		●■	S	11	♋		●💧	M	11	♌		■★↑
F	12	♊		■↓	M	12	♋		●💧	D	12	♍		■↑Φ
S	13	♊		■↓	D	13	♌		■★↑	F	13	♍	● 00.09	■↑Φ
S	14	♋		●💧	M	14	♌	● 08.32	↑	S	14	♎		●
M	15	♋	● 17.16	●	D	15	♌		↑	S	15	♎		●↑
D	16	♋		●	F	16	♍		↑Φ	M	16	♎		●
M	17	♌		↑	S	17	♍		↑Φ	D	17	♏		●
D	18	♌		↑	S	18	♎		●	M	18	♏		●
F	19	♍		↑Φ	M	19	♎		●	D	19	♐		
S	20	♍		↑Φ	D	20	♏		●	F	20	♐	☽	
S	21	♍		↑Φ	M	21	♏		●	S	21	♑		●
M	22	♎		●	D	22	♏	☽	●	S	22	♑		●
D	23	♎	☽	●	F	23	♐			M	23	♒		↑Φ
M	24	♏		●	S	24	♐			D	24	♒		↑Φ
D	25	♏		●	S	25	♑		●↑	M	25	♓		●↑
F	26	♐			M	26	♑		●	D	26	♓		●
S	27	♐			D	27	♒	○ 18.52	■↑Φ	F	27	♈	○ 03.52	■★
S	28	♑		●↑	M	28	♒		■↑Φ	S	28	♈		■★
M	29	♑		●	D	29	♓		●💧	S	29	♉		●■
D	30	♒	○ 11.35	■↑Φ	F	30	♓		●💧	M	30	♉		●■
M	31	♒		■↑Φ	S	31	♈		■★					

OKTOBER-1996					NOVEMBER-1996					DEZEMBER-1996				
Tag	Datum	Tierkreiszeichen	Mondphase	Tätigkeit	Tag	Datum	Tierkreiszeichen	Mondphase	Tätigkeit	Tag	Datum	Tierkreiszeichen	Mondphase	Tätigkeit
D	1	♉		●■	F	1	♋		●💧	S	1	♌		■★↑
M	2	♊		■↓	S	2	♋		●💧	M	2	♌		■★↑
D	3	♊		■↓	S	3	♌	☾	■★↑	D	3	♍	☾	■↑Φ
F	4	♋	☾	●💧	M	4	♌		■★↑	M	4	♍		■↑Φ
S	5	♋		●💧	D	5	♍		■↑Φ	D	5	♎		●
S	6	♋		●💧	M	6	♍		■↑Φ	F	6	♎		●
M	7	♌		■★↑	D	7	♍		■↑Φ	S	7	♎		●
D	8	♌		■★↑	F	8	♎		●	S	8	♏		●💧
M	9	♍		■↑Φ	S	9	♎		●	M	9	♏		●💧
D	10	♍		■↑Φ	S	10	♏		●💧	D	10	♐	🌑 17.52	
F	11	♍		■↑Φ	M	11	♏	🌑 05.15	●	M	11	♐		
S	12	♎	🌑 15.10	●	D	12	♐			D	12	♑		●↑
S	13	♎		●	M	13	♐		↑	F	13	♑		●
M	14	♏		●↑	D	14	♐			S	14	♒		↑Φ
D	15	♏		●	F	15	♑		●	S	15	♒		↑Φ
M	16	♐			S	16	♑		●	M	16	♓		●
D	17	♐			S	17	♒		↑Φ	D	17	♓	☽	●
F	18	♑		●	M	18	♒	☽	↑Φ	M	18	♈		
S	19	♑	☽	●	D	19	♓		●	D	19	♈		
S	20	♒		↑Φ	M	20	♓		●	F	20	♉		●
M	21	♒		↑Φ	D	21	♈			S	21	♉		●
D	22	♒		↑Φ	F	22	♈			S	22	♉		●↑
M	23	♓		●↑	S	23	♉		●↑	M	23	♊		
D	24	♓		●	S	24	♉		●	D	24	♊	🌕 21.40	■↓
F	25	♈	🌕 15.15	■★	M	25	♊	🌕 05.11	■↓	M	25	♋		●💧
S	26	♈		■★	D	26	♊		■↓	D	26	♋		●💧
S	27	♉		●■	M	27	♊		■↓	F	27	♋		●💧
M	28	♉		●■	D	28	♋		●💧	S	28	♌		■★↑
D	29	♊		■↓	F	29	♋		●💧	S	29	♌		■★↑
M	30	♊		■↓	S	30	♌		■★↑	M	30	♍		■↑Φ
D	31	♋		●💧						D	31	♍		■↑Φ

JANUAR-1997					FEBRUAR-1997					MÄRZ-1997				
Tag	Datum	Tierkreiszeichen	Mondphase	Tätigkeit	Tag	Datum	Tierkreiszeichen	Mondphase	Tätigkeit	Tag	Datum	Tierkreiszeichen	Mondphase	Tätigkeit
M	1	♍		■↑	S	1	♏		●💧	S	1	♏		●💧
D	2	♎	☾	●	S	2	♏		●💧	S	2	♐	☾	■★
F	3	♎		●	M	3	♐		■★	M	3	♐		■★
S	4	♏		●💧	D	4	♐		■★	D	4	♑		●■↓
S	5	♏		●💧	M	5	♑		●■↓	M	5	♑		●■↓
M	6	♐		■★	D	6	♑		●■↓	D	6	♒		■↑Φ
D	7	♐		■★	F	7	♒	🌑 16.05	↑Φ	F	7	♒		■↑Φ
M	8	♑		■★↓	S	8	♒		↑Φ	S	8	♓		●💧
D	9	♑	🌑 05.25	●	S	9	♓		●↑	S	9	♓	🌑 02.15	●
F	10	♒		Φ↑	M	10	♓		●	M	10	♈		
S	11	♒		Φ↑	D	11	♈			D	11	♈		↑
S	12	♓		●	M	12	♈			M	12	♉		●
M	13	♓		●	D	13	♉		●	D	13	♉		●
D	14	♈			F	14	♉	☽	●	F	14	♉		●
M	15	♈	☽		S	15	♊			S	15	♊		
D	16	♈			S	16	♊			S	16	♊	☽	
F	17	♉		●	M	17	♊			M	17	♋		●
S	18	♉		●	D	18	♋		●	D	18	♋		●
S	19	♊			M	19	♋		●	M	19	♌		↑
M	20	♊			D	20	♌		↑	D	20	♌		↑
D	21	♋		●↑	F	21	♌		↑	F	21	♌		↑
M	22	♋		●	S	22	♌	🌕 11.26	■★↑	S	22	♍		↑Φ
D	23	♋	🌕 16.11	●💧	S	23	♍		■↑Φ	S	23	♍		↑Φ
F	24	♌		■★↑	M	24	♍		■↑Φ	M	24	♎	🌕 05.45	●
S	25	♌		■★↑	D	25	♎		●	D	25	♎		●
S	26	♍		■↑Φ	M	26	♎		●	M	26	♎		●
M	27	♍		■↑Φ	D	27	♎		●	D	27	♏		●💧
D	28	♍		■↑Φ	F	28	♏		●💧	F	28	♏		●💧
M	29	♎		●						S	29	♐		■★
D	30	♎		●						S	30	♐		■★
F	31	♏	☾	●💧						M	31	♐	☾	■★

	APRIL-1997					MAI-1997					JUNI-1997			
Tag	Datum	Tierkreiszeichen	Mondphase	Tätigkeit	Tag	Datum	Tierkreiszeichen	Mondphase	Tätigkeit	Tag	Datum	Tierkreiszeichen	Mondphase	Tätigkeit
D	1	♑		●■↓	D	1	♒		■↑Φ	S	1	♈		■★
M	2	♑		●■↓	F	2	♓		●💧	M	2	♈		■★
D	3	♒		■↑Φ	S	3	♓		●💧	D	3	♉		●■
F	4	♒		■↑Φ	S	4	♈		■★	M	4	♉		●■
S	5	♓		●💧	M	5	♈		■★	D	5	♊	🌑 08.06	
S	6	♓		●💧	D	6	♉	🌑 21.50	●	F	6	♊		
M	7	♈	🌑 12.03		M	7	♉		●	S	7	♋		●↑
D	8	♈			D	8	♊		↑	S	8	♋		●
M	9	♉		●↑	F	9	♊			M	9	♌		↑
D	10	♉		●	S	10	♊			D	10	♌		↑
F	11	♊			S	11	♋		●	M	11	♌		↑
S	12	♊			M	12	♋		●	D	12	♍		↑Φ
S	13	♋		●	D	13	♌		↑	F	13	♍	🌓	↑Φ
M	14	♋	🌓	●	M	14	♌	🌓	↑	S	14	♎		●
D	15	♋		●	D	15	♍		↑Φ	S	15	♎		●
M	16	♌		↑	F	16	♍		↑Φ	M	16	♎		●
D	17	♌		↑	S	17	♍		↑Φ	D	17	♏		●
F	18	♍		↑Φ	S	18	♎		●	M	18	♏		●↑
S	19	♍		↑Φ	M	19	♎		●	D	19	♐		
S	20	♍		↑Φ	D	20	♏		●↑	F	20	♐	🌕 20.07	■
M	21	♎		●	M	21	♏		●	S	21	♑		●■↓
D	22	♎	🌕 21.31	●	D	22	♏	🌕 10.10	●💧	S	22	♑		●■↓
M	23	♏		●💧	F	23	♐		■★	M	23	♒		■↑Φ
D	24	♏		●💧	S	24	♐		■★	D	24	♒		■↑Φ
F	25	♐		■★	S	25	♑		●■↓	M	25	♒		■↑Φ
S	26	♐		■★	M	26	♑		●■↓	D	26	♓		●💧
S	27	♐		■★	D	27	♒		■↑Φ	F	27	♓	🌗	●💧
M	28	♑		●■↓	M	28	♒		■↑Φ	S	28	♈		■★
D	29	♑		●■↓	D	29	♓	🌗	●💧	S	29	♈		■★
M	30	♒	🌗	■↑Φ	F	30	♓		●💧	M	30	♉		●■
					S	31	♈		■★					

JULI-1997					AUGUST-1997					SEPTEMBER-1997				
Tag	Datum	Tierkreiszeichen	Mondphase	Tätigkeit	Tag	Datum	Tierkreiszeichen	Mondphase	Tätigkeit	Tag	Datum	Tierkreiszeichen	Mondphase	Tätigkeit
D	1	♉		●■	F	1	♋		●💧	M	1	♌		■★↑
M	2	♊		■↓	S	2	♋		●💧	D	2	♍	🌑 00.51	↑Φ
D	3	♊		■↓	S	3	♌	🌑 09.15	↑	M	3	♍		↑Φ
F	4	♋	🌑 19.41	●	M	4	♌		↑	D	4	♎		●↑
S	5	♋		●	D	5	♍		↑Φ	F	5	♎		●
S	6	♋		●↑	M	6	♍		↑Φ	S	6	♎		●
M	7	♌		↑	D	7	♍		↑Φ	S	7	♏		●
D	8	♌		↑	F	8	♎		●	M	8	♏		●
M	9	♍		↑Φ	S	9	♎		●	D	9	♐		
D	10	♍		↑Φ	S	10	♏		●	M	10	♐	☽	
F	11	♍		↑Φ	M	11	♏	☽	●	D	11	♐		
S	12	♎	☽	●	D	12	♏		●	F	12	♑		●
S	13	♎		●	M	13	♐			S	13	♑		●
M	14	♏		●	D	14	♐			S	14	♒		↑Φ
D	15	♏		●	F	15	♑		●	M	15	♒		↑Φ
M	16	♏		●	S	16	♑		●↑	D	16	♓	🌕 19.49	●💧
D	17	♐			S	17	♒		↑Φ	M	17	♓		●💧
F	18	♐		↑	M	18	♒	🌕 11.53	■↑Φ	D	18	♈		■★
S	19	♑		●	D	19	♓		●💧	F	19	♈		■★
S	20	♑	🌕 04.19	●■↓	M	20	♓		●💧	S	20	♉		●■
M	21	♒		■↑Φ	D	21	♈		■★	S	21	♉		●■
D	22	♒		■↑Φ	F	22	♈		■★	M	22	♊		■↓
M	23	♓		●💧	S	23	♉		●■	D	23	♊	☾	■↓
D	24	♓		●💧	S	24	♉		●■	M	24	♋		●💧
F	25	♈		■★	M	25	♊	☾	■↓	D	25	♋		●💧
S	26	♈	☾	■★	D	26	♊		■↓	F	26	♌		■★↑
S	27	♉		●■	M	27	♊		■↓	S	27	♌		■★↑
M	28	♉		●■	D	28	♋		●💧	S	28	♌		■★↑
D	29	♊		■↓	F	29	♋		●💧	M	29	♍		■↑Φ
M	30	♊		■↓	S	30	♌		■★↑	D	30	♍		■↑Φ
D	31	♊		■↓	S	31	♌		■★↑					

OKTOBER-1997

Tag	Datum	Tierkreiszeichen	Mondphase	Tätigkeit
M	1	♎	🌑 17.50	●
D	2	♎		●
F	3	♎		●↑
S	4	♏		●
S	5	♏		●
M	6	♐		
D	7	♐		
M	8	♐		
D	9	♑	🌓	●
F	10	♑		●
S	11	♒		↑Φ
S	12	♒		↑Φ
M	13	♓		●
D	14	♓		●↑
M	15	♈		
D	16	♈	🌕 04.48	■★
F	17	♉		●■
S	18	♉		●■
S	19	♊		■↓
M	20	♊		■↓
D	21	♋		●💧
M	22	♋		●💧
D	23	♋	🌗	●💧
F	24	♌		■★↑
S	25	♌		■★↑
S	26	♍		■↑Φ
M	27	♍		■↑Φ
D	28	♍		■↑Φ
M	29	♎		●
D	30	♎		●
F	31	♏	🌑 10.59	●

NOVEMBER-1997

Tag	Datum	Tierkreiszeichen	Mondphase	Tätigkeit
S	1	♏		●
S	2	♏		●↑
M	3	♐		
D	4	♐		
M	5	♑		●
D	6	♑		●
F	7	♒	🌓	↑Φ
S	8	♒		↑Φ
S	9	♓		●
M	10	♓		●
D	11	♓		●
M	12	♈		↑
D	13	♈		
F	14	♉	🌕 15.14	●■
S	15	♉		●■
S	16	♊		■↓
M	17	♊		■↓
D	18	♋		●💧
M	19	♋		●💧
D	20	♌		■★↑
F	21	♌		■★↑
S	22	♌	🌗	■★↑
S	23	♍		■↑Φ
M	24	♍		■↑Φ
D	25	♎		●
M	26	♎		●
D	27	♎		●
F	28	♏		●💧
S	29	♏		●💧
S	30	♐	🌑 03.13	

DEZEMBER-1997

Tag	Datum	Tierkreiszeichen	Mondphase	Tätigkeit
M	1	♐		
D	2	♑		●↑
M	3	♑		●
D	4	♒		↑Φ
F	5	♒		↑Φ
S	6	♒		↑Φ
S	7	♓	🌓	●
M	8	♓		●
D	9	♈		
M	10	♈		
D	11	♉		●
F	12	♉		●↑
S	13	♊		
S	14	♊	🌕 03.39	■↓
M	15	♋		●💧
D	16	♋		●💧
M	17	♌		■★↑
D	18	♌		■★↑
F	19	♌		■★↑
S	20	♍		■↑Φ
S	21	♍	🌗	■↑Φ
M	22	♎		●
D	23	♎		●
M	24	♎		●
D	25	♏		●💧
F	26	♏		●💧
S	27	♐		■★
S	28	♐		■★
M	29	♐	🌑 17.53	
D	30	♑		●
M	31	♑		●↑

JANUAR-1998					FEBRUAR-1998					MÄRZ-1998				
Tag	Datum	Tierkreiszeichen	Mondphase	Tätigkeit	Tag	Datum	Tierkreiszeichen	Mondphase	Tätigkeit	Tag	Datum	Tierkreiszeichen	Mondphase	Tätigkeit
D	1	♒		↑Φ	S	1	♈			S	1	♈		
F	2	♒		↑Φ	M	2	♈			M	2	♈		
S	3	♓		●	D	3	♉		●	D	3	♉		●
S	4	♓		●	M	4	♉		●	M	4	♉		●
M	5	♈	🌓		D	5	♉	🌓	●	D	5	♊	🌓	
D	6	♈			F	6	♊			F	6	♊		
M	7	♉		●	S	7	♊			S	7	♋		●
D	8	♉		●	S	8	♋		●	S	8	♋		●
F	9	♊			M	9	♋		●	M	9	♌		↑
S	10	♊		↑	D	10	♌		↑	D	10	♌		↑
S	11	♊			M	11	♌		↑	M	11	♌		↑
M	12	♋	🌕 18.26	●💧	D	12	♌		↑	D	12	♍		↑Φ
D	13	♋		●💧	F	13	♍	🌕 11.25	■↑Φ	F	13	♍	🌕 05.34	■↑Φ
M	14	♌		■★↑	S	14	♍		■↑Φ	S	14	♎		●
D	15	♌		■★↑	S	15	♎		●	S	15	♎		●
F	16	♍		■↑Φ	M	16	♎		●	M	16	♎		●
S	17	♍		■↑Φ	D	17	♎		●	D	17	♏		●💧
S	18	♍		■↑Φ	M	18	♏		●💧	M	18	♏		●💧
M	19	♎		●	D	19	♏	🌗	●💧	D	19	♐		■★
D	20	♎	🌗	●	F	20	♐		■★	F	20	♐		■★
M	21	♏		●💧	S	21	♐		■★	S	21	♐	🌗	■
D	22	♏		●💧	S	22	♑		●■↓	S	22	♑		●■↓
F	23	♏		●	M	23	♑		●■↓	M	23	♑		●■↓
S	24	♐		■★	D	24	♑		●■↓	D	24	♒		■↑Φ
S	25	♐		■★	M	25	♒		■↑Φ	M	25	♒		■↑Φ
M	26	♑		●■↓	D	26	♒	🌑 18.23	↑Φ	D	26	♓		●💧
D	27	♑		●■↓	F	27	♓		●	F	27	♓		●💧
M	28	♒	🌑 06.58	↑Φ	S	28	♓		●↑	S	28	♈	🌑 04.13	
D	29	♒		↑Φ						S	29	♈		
F	30	♓		●↑						M	30	♉		●↑
S	31	♓		●						D	31	♉		●

APRIL-1998					MAI-1998					JUNI-1998				
Tag	Datum	Tierkreiszeichen	Mondphase	Tätigkeit	Tag	Datum	Tierkreiszeichen	Mondphase	Tätigkeit	Tag	Datum	Tierkreiszeichen	Mondphase	Tätigkeit
M	1	♊			F	1	♋		●	M	1	♌		↑
D	2	♊			S	2	♋		●	D	2	♍	☽	↑Φ
F	3	♋	☽	●	S	3	♌	☽	↑	M	3	♍		↑Φ
S	4	♋		●	M	4	♌		↑	D	4	♎		●
S	5	♋		●	D	5	♍		↑Φ	F	5	♎		●
M	6	♌		↑	M	6	♍		↑Φ	S	6	♎		●
D	7	♌		↑	D	7	♍		↑Φ	S	7	♏		●
M	8	♍		↑Φ	F	8	♎		●	M	8	♏		●↑
D	9	♍		↑Φ	S	9	♎		●↑	D	9	♐		
F	10	♍		↑Φ	S	10	♏		●	M	10	♐	🌕 05.17	■★
S	11	♎	🌕 23.22	●	M	11	♏	🌕 15.27	●🌢	D	11	♐		■★
S	12	♎		●	D	12	♏		●🌢	F	12	♑		●■↓
M	13	♏		●🌢	M	13	♐		■★	S	13	♑		●■↓
D	14	♏		●🌢	D	14	♐		■★	S	14	♒		■↑Φ
M	15	♏		●🌢	F	15	♑		●■↓	M	15	♒		■↑Φ
D	16	♐		■	S	16	♑		●■↓	D	16	♓		●🌢
F	17	♐		■	S	17	♑		●■↓	M	17	♓	☾	●🌢
S	18	♑		●■↓	M	18	♒		■↑Φ	D	18	♈		■★
S	19	♑	☾	●■↓	D	19	♒	☾	■↑Φ	F	19	♈		■★
M	20	♒		■↑Φ	M	20	♓		●🌢	S	20	♉		●■
D	21	♒		■↑Φ	D	21	♓		●🌢	S	21	♉		●■
M	22	♒		■↑Φ	F	22	♈		■★	M	22	♊		■↓
D	23	♓		●🌢	S	23	♈		■★	D	23	♊		■↓
F	24	♓		●🌢	S	24	♉		●■	M	24	♋	🌑 04.53	●
S	25	♈		■★	M	25	♉	🌑 20.34	●	D	25	♋		●
S	26	♈	🌑 12.43		D	26	♊			F	26	♋		●↑
M	27	♉		●	M	27	♊		↑	S	27	♌		↑
D	28	♉		●↑	D	28	♋		●	S	28	♌		↑
M	29	♊			F	29	♋		●	M	29	♍		↑Φ
D	30	♊			S	30	♌		↑	D	30	♍		↑Φ
					S	31	♌		↑					

JULI-1998				
Tag	Datum	Tierkreiszeichen	Mondphase	Tätigkeit
M	1	♎	☽	●
D	2	♎		●
F	3	♎		●
S	4	♏		●
S	5	♏		●
M	6	♐		
D	7	♐		↑
M	8	♐		
D	9	♑	○ 16.58	●■↓
F	10	♑		●■↓
S	11	♒		■↑Φ
S	12	♒		■↑Φ
M	13	♓		●💧
D	14	♓		●💧
M	15	♈		■★
D	16	♈	☾	■★
F	17	♈		■★
S	18	♉		●■
S	19	♉		●■
M	20	♊		■↓
D	21	♊		■↓
M	22	♋		●💧
D	23	♋	● 14.47	●
F	24	♌		↑
S	25	♌		↑
S	26	♍		↑Φ
M	27	♍		↑Φ
D	28	♍		↑Φ
M	29	♎		●
D	30	♎		●
F	31	♏	☽	●

AUGUST-1998				
Tag	Datum	Tierkreiszeichen	Mondphase	Tätigkeit
S	1	♏		●
S	2	♏		●
M	3	♐		
D	4	♐		
M	5	♑		●
D	6	♑		●↑
F	7	♒		↑Φ
S	8	♒	○ 03.07	■↑Φ
S	9	♒		■↑Φ
M	10	♓		●💧
D	11	♓		●💧
M	12	♈		■★
D	13	♈		■★
F	14	♉	☾	●■
S	15	♉		●■
S	16	♊		■↓
M	17	♊		■↓
D	18	♋		●💧
M	19	♋		●💧
D	20	♌		■★↑
F	21	♌		■★↑
S	22	♌	● 03.03	↑
S	23	♍		↑Φ
M	24	♍		↑Φ
D	25	♎		●
M	26	♎		●
D	27	♎		●
F	28	♏		●
S	29	♏		●
S	30	♐	☽	
M	31	♐		

SEPTEMBER-1998				
Tag	Datum	Tierkreiszeichen	Mondphase	Tätigkeit
D	1	♐		
M	2	♑		●
D	3	♑		●
F	4	♒		↑Φ
S	5	♒		↑Φ
S	6	♓	○ 12.17	●💧
M	7	♓		●💧
D	8	♈		■★
M	9	♈		■★
D	10	♉		●■
F	11	♉		●■
S	12	♊		■↓
S	13	♊	☾	■↓
M	14	♋		●💧
D	15	♋		●💧
M	16	♋		●💧
D	17	♌		■★↑
F	18	♌		■★↑
S	19	♍		■↑Φ
S	20	♍	● 18.04	■↑Φ
M	21	♎		●
D	22	♎		●↑
M	23	♎		●
D	24	♏		●
F	25	♏		●
S	26	♐		
S	27	♐		
M	28	♐	☽	
D	29	♑		●
M	30	♑		●

OKTOBER-1998					NOVEMBER-1998					DEZEMBER-1998				
Tag	Datum	Tierkreiszeichen	Mondphase	Tätigkeit	Tag	Datum	Tierkreiszeichen	Mondphase	Tätigkeit	Tag	Datum	Tierkreiszeichen	Mondphase	Tätigkeit
D	1	♒		↑Φ	S	1	♓		●	D	1	♉		●↑
F	2	♒		↑Φ	M	2	♈		↑	M	2	♉		●
S	3	♓		●↑	D	3	♈		●■	D	3	♊	🌕 16.21	■↓
S	4	♓		●	M	4	♉	🌕 06.19		F	4	♊		■↓
M	5	♈	🌕 21.10	■★	D	5	♉		●■	S	5	♋		●💧
D	6	♈		■★	F	6	♊		■↓	S	6	♋		●💧
M	7	♉		●■	S	7	♊		■↓	M	7	♌		■★↑
D	8	♉		●■	S	8	♋		●💧	D	8	♌		■★↑
F	9	♊		■↓	M	9	♋		●💧	M	9	♌		■★↑
S	10	♊		■↓	D	10	♌		■★↑	D	10	♍	🌘	■↑Φ
S	11	♊		●💧	M	11	♌	🌘	■★↑	F	11	♍		■↑Φ
M	12	♋	🌘	●💧	D	12	♍		■↑Φ	S	12	♎		●
D	13	♋		■★↑	F	13	♍		■↑Φ	S	13	♎		●
M	14	♌		■★↑	S	14	♍		●	M	14	♎		●
D	15	♌		■↑Φ	S	15	♎		●	D	15	♏		●💧
F	16	♍		■↑Φ	M	16	♎		●💧	M	16	♏		●💧
S	17	♍		■↑Φ	D	17	♏		●💧	D	17	♐		■★
S	18	♍		■★	M	18	♏		●	F	18	♐	🌑 23.43	
M	19	♎		●	D	19	♏	🌑 05.24	●	S	19	♐		
D	20	♎	🌑 11.09	●	F	20	♐			S	20	♑		●↑
M	21	♏		●	S	21	♐		↑	M	21	♑		●
D	22	♏		●↑	S	22	♑		●	D	22	♒		↑Φ
F	23	♏		●	M	23	♑		●	M	23	♒		↑Φ
S	24	♐			D	24	♑		●	D	24	♓		●
S	25	♐			M	25	♒		↑Φ	F	25	♓		●
M	26	♑		●	D	26	♒		↑Φ	S	26	♓	🌒	●
D	27	♑		●	F	27	♓	🌒	●	S	27	♈		
M	28	♑	🌒	●	S	28	♓		●	M	28	♈		
D	29	♒		↑Φ	S	29	♈			D	29	♉		●
F	30	♒		↑Φ	M	30	♈			M	30	♉		●
S	31	♓								D	31	♊		↑

JANUAR-1999					FEBRUAR-1999					MÄRZ-1999				
Tag	Datum	Tierkreiszeichen	Mondphase	Tätigkeit	Tag	Datum	Tierkreiszeichen	Mondphase	Tätigkeit	Tag	Datum	Tierkreiszeichen	Mondphase	Tätigkeit
F	1	♊			M	1	♌		■★↑	M	1	♌		↑
S	2	♋	🌕 02.50	●💧	D	2	♌		■★↑	D	2	♍	🌕 08.00	■↑Φ
S	3	♋		●💧	M	3	♍		■↑Φ	M	3	♍		■↑Φ
M	4	♌		■★↑	D	4	♍		■↑Φ	D	4	♎		●
D	5	♌		■★↑	F	5	♎		●	F	5	♎		●
M	6	♍		■↑Φ	S	6	♎		●	S	6	♎		●
D	7	♍		■↑Φ	S	7	♏		●💧	S	7	♏		●💧
F	8	♍		■↑Φ	M	8	♏	☾	●💧	M	8	♏		●💧
S	9	♎	☾	●	D	9	♏		●💧	D	9	♐		■★
S	10	♎		●	M	10	♐		■★	M	10	♐	☾	■★
M	11	♏		●💧	D	11	♐		■★	D	11	♐		■
D	12	♏		●💧	F	12	♑		●■↓	F	12	♑		●■↓
M	13	♏		●💧	S	13	♑		●■↓	S	13	♑		●■↓
D	14	♐		■★	S	14	♑		●■↓	S	14	♒		■↑Φ
F	15	♐		■★	M	15	♒		■↑Φ	M	15	♒		■↑Φ
S	16	♑		●■↓	D	16	♒	🌑 07.35	■↑Φ	D	16	♓		●💧
S	17	♑	🌑 16.44	● ●■	M	17	♓		●	M	17	♓	🌑 19.44	●
M	18	♒		↑Φ	D	18	♓		●↑	D	18	♓		●
D	19	♒		↑Φ	F	19	♈			F	19	♈		↑
M	20	♒		↑Φ	S	20	♈			S	20	♈		
D	21	♓		●	S	21	♉		●	S	21	♉		●
F	22	♓		●	M	22	♉		●	M	22	♉		●
S	23	♈			D	23	♊	☽		D	23	♊		
S	24	♈	☽		M	24	♊			M	24	♊	☽	
M	25	♉		●	D	25	♋		●	D	25	♋		●
D	26	♉		●	F	26	♋		●	F	26	♋		●
M	27	♊			S	27	♋		●	S	27	♌		↑
D	28	♊			S	28	♌		↑	S	28	♌		↑
F	29	♋		●↑						M	29	♍		↑Φ
S	30	♋		●						D	30	♍		↑Φ
S	31	♌	🌕 17.10	■★↑						M	31	♍	🌕 23.50	■↑Φ

APRIL-1999					MAI-1999					JUNI-1999				
Tag	Datum	Tierkreiszeichen	Mondphase	Tätigkeit	Tag	Datum	Tierkreiszeichen	Mondphase	Tätigkeit	Tag	Datum	Tierkreiszeichen	Mondphase	Tätigkeit
D	1	♎		●	S	1	♏		●💧		1	♐		■★
F	2	♎		●↑	S	2	♏		●💧		2	♑		●■↓
S	3	♏		●💧	M	3	♐		■★		3	♑		●■↓
S	4	♏		●💧	D	4	♐		■★		4	♒		■↑Φ
M	5	♏		●💧	M	5	♑		●■↓		5	♒		■↑Φ
D	6	♐		■★	D	6	♑		●■↓		6	♓		●💧
M	7	♐		■★	F	7	♑		●■↓		7	♓	☾	●💧
D	8	♑		●■↓	S	8	♒	☾	■↑Φ		8	♓		●
F	9	♑	☾	●■↓	S	9	♒		■↑Φ		9	♈		■★
S	10	♑		●■↓	M	10	♓		●💧		10	♈		■★
S	11	♒		■↑Φ	D	11	♓		●💧		11	♉		●■
M	12	♒		■↑Φ	M	12	♈		■★		12	♉		●■
D	13	♓		●💧	D	13	♈		■★		13	♊	🌑 20.04	
M	14	♓		●💧	F	14	♉		●■		14	♊		
D	15	♈		■★	S	15	♉	🌑 13.05	●		15	♋		●↑
F	16	♈	🌑 05.21		S	16	♊				16	♋		●
S	17	♉		●	M	17	♊		↑		17	♌		↑
S	18	♉		●↑	D	18	♋		●		18	♌		↑
M	19	♊			M	19	♋		●		19	♍		↑Φ
D	20	♊			D	20	♌		↑		20	♍	☽	↑Φ
M	21	♋		●	F	21	♌		↑		21	♎		●
D	22	♋	☽	●	S	22	♌	☽	↑		22	♎		●
F	23	♌		↑	S	23	♍		↑Φ		23	♎		●
S	24	♌		↑	M	24	♍		↑Φ		24	♏		●
S	25	♍		↑Φ	D	25	♎		●		25	♏		●
M	26	♍		↑Φ	M	26	♎		●		26	♐		↑
D	27	♍		↑Φ	D	27	♎		●		27	♐		
M	28	♎		●↑	F	28	♏		●↑		28	♐	🌕 22.35	■★
D	29	♎		●	S	29	♏		●		29	♑		●■↓
F	30	♏	🌕 15.55	●💧	S	30	♐	🌕 07.40	■★		30	♑		●■↓
					M	31	♐		■★					

JULI-1999

Tag	Datum	Tierkreiszeichen	Mondphase	Tätigkeit
D	1	♒		■↑Φ
F	2	♒		■↑Φ
S	3	♒		■↑Φ
S	4	♓		●💧
M	5	♓		●💧
D	6	♈	☾	■★
M	7	♈		■★
D	8	♉		●■
F	9	♉		●■
S	10	♊		■↓
S	11	♊		■↓
M	12	♋		●💧
D	13	♋	● 03.25	●
M	14	♌		↑
D	15	♌		↑
F	16	♍		↑Φ
S	17	♍		↑Φ
S	18	♍		↑Φ
M	19	♎		●
D	20	♎	☽	●
M	21	♏		●
D	22	♏		●
F	23	♏		●
S	24	♐		
S	25	♐		↑
M	26	♑		●
D	27	♑	○ 12.20	●■↓
M	28	♑		●■↓
D	29	♒		■↑Φ
F	30	♒		■↑Φ
S	31	♓		●💧

AUGUST-1999

Tag	Datum	Tierkreiszeichen	Mondphase	Tätigkeit
S	1	♓		●💧
M	2	♈		■★
D	3	♈		■★
M	4	♉	☾	●■
D	5	♉		●■
F	6	♊		■↓
S	7	♊		■↓
S	8	♊		■↓
M	9	♋		●💧
D	10	♋		●💧
M	11	♌	● 12.10	↑
D	12	♌		↑
F	13	♍		↑Φ
S	14	♍		↑Φ
S	15	♎		●
M	16	♎		●
D	17	♏		●
M	18	♏		●
D	19	♏	☽	●
F	20	♐		
S	21	♐		
S	22	♑		●
M	23	♑		●
D	24	♑		●
M	25	♒		↑Φ
D	26	♒		↑Φ
F	27	♓	○ 00.46	●💧
S	28	♓		●💧
S	29	♈		■★
M	30	♈		■★
D	31	♈		■★

SEPTEMBER-1999

Tag	Datum	Tierkreiszeichen	Mondphase	Tätigkeit
M	1	♉		●■
D	2	♉	☾	●■
F	3	♊		■↓
S	4	♊		■↓
S	5	♋		●💧
M	6	♋		●💧
D	7	♌		■★↑
M	8	♌		■★↑
D	9	♍	● 23.03	↑Φ
F	10	♍		↑Φ
S	11	♎		●↑
S	12	♎		●
M	13	♎		●
D	14	♏		●
M	15	♏		●
D	16	♐		
F	17	♐	☽	
S	18	♐		
S	19	♑		●
M	20	♒		●
D	21	♒		↑Φ
M	22	♒		↑Φ
D	23	♒		↑Φ
F	24	♓		●
S	25	♓	○ 11.46	●💧
S	26	♈		■★
M	27	♈		■★
D	28	♉		●■
M	29	♉		●■
D	30	♊		■↓

OKTOBER-1999					NOVEMBER-1999					DEZEMBER-1999				
Tag	Datum	Tierkreiszeichen	Mondphase	Tätigkeit	Tag	Datum	Tierkreiszeichen	Mondphase	Tätigkeit	Tag	Datum	Tierkreiszeichen	Mondphase	Tätigkeit
F	1	♊		■↓	M	1	♌		■★↑	M	1	♍		■↑Φ
S	2	♋	☾	●💧	D	2	♌		■★↑	D	2	♎		●
S	3	♋		●💧	M	3	♍		■↑Φ	F	3	♎		●
M	4	♌		■★↑	D	4	♍		■↑Φ	S	4	♎		●
D	5	♌		■★↑	F	5	♎		●	S	5	♏		●💧
M	6	♍		■↑Φ	S	6	♎		●	M	6	♏		●💧
D	7	♍		■↑Φ	S	7	♏		●💧	D	7	♐	🌑 23.31	
F	8	♍		■↑Φ	M	8	♏	🌑 04.54	●	M	8	♐		
S	9	♎	🌑 12.38	●	D	9	♏		●	D	9	♐		↑
S	10	♎		●	M	10	♐		●↑	F	10	♑		●
M	11	♏		●↑	D	11	♐			S	11	♑		●
D	12	♏		●	F	12	♑		●	S	12	♒		↑Φ
M	13	♏		●	S	13	♑		●	M	13	♒		↑Φ
D	14	♐			S	14	♑		●	D	14	♒		↑Φ
F	15	♐			M	15	♒		↑Φ	M	15	♓		●
S	16	♑		●	D	16	♒	☽	↑Φ	D	16	♓	☽	●
S	17	♑	☽	●	M	17	♓		●	F	17	♈		
M	18	♑		●	D	18	♓		●	S	18	♈		
D	19	♒		↑Φ	F	19	♓		●	S	19	♉		●
M	20	♒		↑Φ	S	20	♈			M	20	♉		●↑
D	21	♓		●	S	21	♈		↑	D	21	♊		
F	22	♓		●↑	M	22	♉		●	M	22	♊	🌕 18.31	●■
S	23	♈			D	23	♉	🌕 08.05	●■	D	23	♋		●💧
S	24	♈	🌕 22.01	■★	M	24	♊		■↓	F	24	♋		●💧
M	25	♉		●■	D	25	♊		■↓	S	25	♌		■★↑
D	26	♉		●■	F	26	♋		●💧	S	26	♌		■★↑
M	27	♊		↓	S	27	♋		●💧	M	27	♍		■↑Φ
D	28	♊		■↓	S	28	♌		■★↑	D	28	♍		■↑Φ
F	29	♋		●💧	M	29	♌		■★↑	M	29	♍	☾	■↑Φ
S	30	♋		●💧	D	30	♍	☾	■↑Φ	D	30	♎		●
S	31	♌	☾	■★↑						F	31	♎		●

JANUAR-2000					FEBRUAR-2000					MÄRZ-2000				
Tag	Datum	Tierkreiszeichen	Mondphase	Tätigkeit	Tag	Datum	Tierkreiszeichen	Mondphase	Tätigkeit	Tag	Datum	Tierkreiszeichen	Mondphase	Tätigkeit
S	1	♏		●💧	D	1	♐		■★	M	1	♑		●■↓
S	2	♏		●💧	M	2	♑		●■↓	D	2	♑		●■↓
M	3	♐		■★	D	3	♑		●■↓	F	3	♒		■↑Φ
D	4	♐		■★	F	4	♑		●■↓	S	4	♒		■↑Φ
M	5	♐		■★	S	5	♒	🌑 14.00	■↑Φ	S	5	♓		●💧
D	6	♑	🌑 19.12	●	S	6	♒		■↑Φ	M	6	♓	🌑 06.13	●
F	7	♑		●	M	7	♓		●↑	D	7	♓		●
S	8	♒		↑Φ	D	8	♓		●	M	8	♈		↑
S	9	♒		↑Φ	M	9	♓		●	D	9	♈		
M	10	♒		↑Φ	D	10	♈			F	10	♉		●
D	11	♓		●	F	11	♈			S	11	♉		●
M	12	♓		●	S	12	♉		●	S	12	♊		
D	13	♈			S	13	♉	☽	●	M	13	♊	☽	
F	14	♈	☽		M	14	♊			D	14	♋		●
S	15	♈			D	15	♊			M	15	♋		●
S	16	♉		●	M	16	♋		●	D	16	♌		↑
M	17	♉		●	D	17	♋		●↑	F	17	♌		↑
D	18	♊			F	18	♌		↑	S	18	♌		↑
M	19	♊		↑	S	19	♌	🌕 17.28	■★↑	S	19	♍		■↑Φ
D	20	♋		●	S	20	♍		■Φ	M	20	♍	🌕 05.46	■↑Φ
F	21	♋	🌕 05.41	●💧	M	21	♍		■Φ	D	21	♎		●
S	22	♌		■★↑	D	22	♎		●	M	22	♎		●
S	23	♌		■★↑	M	23	♎		●	D	23	♏		●💧
M	24	♍		■↑Φ	D	24	♎		●	F	24	♏		●💧
D	25	♍		■↑Φ	F	25	♏		●💧	S	25	♐		■★
M	26	♎		●	S	26	♏		●💧	S	26	♐		■★
D	27	♎		●	S	27	♐	☾	■★	M	27	♐		■★
F	28	♏	☾	●💧	M	28	♐		■★	D	28	♑	☾	●■↓
S	29	♏		●💧	D	29	♐		■★	M	29	♑		●■↓
S	30	♏		●💧						D	30	♒		■↑Φ
M	31	♐		■★						F	31	♒		■↑Φ

APRIL-2000

Tag	Datum	Tierkreiszeichen	Mondphase	Tätigkeit
S	1	♒		■↑Φ
S	2	♓		●💧
M	3	♓		●💧
D	4	♈	🌑 19.08	
M	5	♈		
D	6	♉		●↑
F	7	♉		●
S	8	♊		
S	9	♊		
M	10	♊		
D	11	♋	🌓	●
M	12	♋		●
D	13	♌		↑
F	14	♌		↑
S	15	♍		↑Φ
S	16	♍		↑Φ
M	17	♎		●
D	18	♎	🌕 18.44	●
M	19	♏		●💧
D	20	♏		●💧
F	21	♏		●💧
S	22	♐		■★
S	23	♐		■★
M	24	♑		●■↓
D	25	♑		●■↓
M	26	♑	🌗	●■↓
D	27	♒		■↑Φ
F	28	♒		■↑Φ
S	29	♓		●💧
S	30	♓		●💧

MAI-2000

Tag	Datum	Tierkreiszeichen	Mondphase	Tätigkeit
M	1	♓		●💧
D	2	♈		■★
M	3	♈		■★
D	4	♉	🌑 05.11	●
F	5	♉		●
S	6	♊		↑
S	7	♊		
M	8	♋		●
D	9	♋		●
M	10	♌	🌓	↑
D	11	♌		↑
F	12	♍		↑Φ
S	13	♍		↑Φ
S	14	♎		●
M	15	♎		●
D	16	♎		●↑
M	17	♏		●
D	18	♏	🌕 08.37	●💧
F	19	♐		■★
S	20	♐		■★
S	21	♐		■★
M	22	♑		●■↓
D	23	♑		●■↓
M	24	♒		■↑Φ
D	25	♒		■↑Φ
F	26	♒	🌗	■↑Φ
S	27	♓		●💧
S	28	♓		●💧
M	29	♈		■★
D	30	♈		■★
M	31	♉		●■

JUNI-2000

Tag	Datum	Tierkreiszeichen	Mondphase	Tätigkeit
D	1	♉		●■
F	2	♊	🌑 13.13	
S	3	♊		
S	4	♋		●↑
M	5	♋		●
D	6	♌		↑
M	7	♌		↑
D	8	♍		↑Φ
F	9	♍	🌓	↑Φ
S	10	♎		●
S	11	♎		●
M	12	♎		●
D	13	♏		●
M	14	♏		●↑
D	15	♐		
F	16	♐	🌕 23.27	■★
S	17	♐		■★
S	18	♑		●■↓
M	19	♑		●■↓
D	20	♒		■↑Φ
M	21	♒		■↑Φ
D	22	♒		■↑Φ
F	23	♓		●💧
S	24	♓		●💧
S	25	♈	🌗	■★
M	26	♈		■★
D	27	♈		■★
M	28	♉		●■
D	29	♉		●■
F	30	♊		■

JULI-2000					AUGUST-2000					SEPTEMBER-2000				
Tag	Datum	Tierkreiszeichen	Mondphase	Tätigkeit	Tag	Datum	Tierkreiszeichen	Mondphase	Tätigkeit	Tag	Datum	Tierkreiszeichen	Mondphase	Tätigkeit
S	1	♊	🌑 20.18		D	1	♌		↑	F	1	♎		●
S	2	♋		●	M	2	♍		↑Φ	S	2	♎		●
M	3	♋		●↑	D	3	♍		↑Φ	S	3	♏		●
D	4	♌		↑	F	4	♎		●	M	4	♏		●
M	5	♌		↑	S	5	♎		●	D	5	♐	☽	
D	6	♍		↑Φ	S	6	♏		●	M	6	♐		
F	7	♍		↑Φ	M	7	♏	☽	●	D	7	♐		
S	8	♎	☽	●	D	8	♏		●	F	8	♑		●
S	9	♎		●	M	9	♐			S	9	♑		●
M	10	♏		●	D	10	♐			S	10	♒		↑Φ
D	11	♏		●	F	11	♑		●	M	11	♒		↑Φ
M	12	♏		●	S	12	♑		●	D	12	♒		↑Φ
D	13	♐			S	13	♑		●↑Φ	M	13	♓	🌕 20.34	●💧
F	14	♐		↑	M	14	♒		↑Φ	D	14	♓		●💧
S	15	♑		●	D	15	♒	🌕 06.09	■↑Φ	F	15	♈		■★
S	16	♑	🌕 14.53	●■↓	M	16	♓		●💧	S	16	♈		■★
M	17	♑		●■↓	D	17	♓		●💧	S	17	♉		●■
D	18	♒		■↑Φ	F	18	♓		●	M	18	♉		●■
M	19	♒		■↑Φ	S	19	♈		■★	D	19	♉		●■
D	20	♓		●💧	S	20	♈		■★	M	20	♊		■↓
F	21	♓		●💧	M	21	♉		●■	D	21	♊	☾	■↓
S	22	♓		●💧	D	22	♉	☾	●■	F	22	♋		●💧
S	23	♈		■★	M	23	♊		■↓	S	23	♋		●💧
M	24	♈	☾	■★	D	24	♊		■↓	S	24	♌		■★↑
D	25	♉		●■	F	25	♋		●💧	M	25	♌		■★↑
M	26	♉		●■	S	26	♋		●💧	D	26	♍		■↑Φ
D	27	♊		■★↓	S	27	♌		■★↑	M	27	♍	🌑 20.53	■↑Φ
F	28	♊		■★↓	M	28	♌		■★↑	D	28	♎		●
S	29	♋		●💧	D	29	♍	🌑 11.22	↑Φ	F	29	♎		●↑
S	30	♋		●💧	M	30	♍		↑Φ	S	30	♏		●
M	31	♌	🌑 03.25	↑	D	31	♍		↑Φ					

OKTOBER-2000				
Tag	Datum	Tierkreiszeichen	Mondphase	Tätigkeit
S	1	♏		●
M	2	♐		
D	3	♐		
M	4	♐		
D	5	♑	☽	●
F	6	♑		●
S	7	♒		↑Φ
S	8	♒		↑Φ
M	9	♒		↑Φ
D	10	♓		●
M	11	♓		●↑
D	12	♈		
F	13	♈	🌕 09.48	■★
S	14	♈		■★
S	15	♉		●■
M	16	♉		●■
D	17	♊		■↓
M	18	♊		■↓
D	19	♋		●💧
F	20	♋	☾	●💧
S	21	♌		■★↑
S	22	♌		■★↑
M	23	♍		■↑Φ
D	24	♍		■↑Φ
M	25	♎		●
D	26	♎		●
F	27	♎	🌕 09.01	●
S	28	♏		●
S	29	♏		●↑
M	30	♐		
D	31	♐		

NOVEMBER-2000				
Tag	Datum	Tierkreiszeichen	Mondphase	Tätigkeit
M	1	♑		●
D	2	♑		●
F	3	♑		●
S	4	♒	☽	↑Φ
S	5	♒		↑Φ
M	6	♓		●
D	7	♓		●
M	8	♓		●
D	9	♈		↑
F	10	♈		
S	11	♉	🌕 22.14	●■
S	12	♉		●■
M	13	♊		■↓
D	14	♊		■↓
M	15	♋		●💧
D	16	♋		●💧
F	17	♌		■★↑
S	18	♌	☾	■★↑
S	19	♍		■↑Φ
M	20	♍		■↑Φ
D	21	♎		●
M	22	♎		●
D	23	♎		●
F	24	♏		●💧
S	25	♏		●💧
S	26	♐	🌕 00.11	
M	27	♐		
D	28	♐		↑
M	29	♑		●
D	30	♑		●

DEZEMBER-2000				
Tag	Datum	Tierkreiszeichen	Mondphase	Tätigkeit
F	1	♒		↑Φ
S	2	♒		↑Φ
S	3	♒		↑Φ
M	4	♓	☽	●
D	5	♓		●
M	6	♈		
D	7	♈		
F	8	♉		●
S	9	♉		●↑
S	10	♉		●
M	11	♊	🌕 10.00	■↓
D	12	♊		■↓
M	13	♋		●💧
D	14	♋		●💧
F	15	♌		■★↑
S	16	♌		■★↑
S	17	♍		■↑Φ
M	18	♍	☾	■↑Φ
D	19	♎		●
M	20	♎		●
D	21	♏		●💧
F	22	♏		●💧
S	23	♐		■★
S	24	♐		■★
M	25	♐	🌑 18.22	
D	26	♑		●
M	27	♑		●↑
D	28	♒		↑Φ
F	29	♒		↑Φ
S	30	♒		↑Φ
S	31	♓		●